Heide-Renate Döringer

CIXI

Die letzte Herrscherin auf dem chinesischen Drachenthron

Lebensbild einer außergewöhnlichen Frau

(1835-1908)

BOOKS on DEMAND (BoD)

Buch- und Umschlaggestaltung

Manfred Brand, Berlin

Herstellung und Verlag

BoD - Books on Demand, Norderstedt

ISBN 978-3-7460-0765-6

Bibliografische Informationen

der Deutschen Nationalbibliothek

www.dnb.de

Für Elean
(Sook Han)

I am the Empress Dowager of China.

I am Lao Foye, the Great Old Buddha.

I am Cixi, the Holy Mother.

I am and I was born, Langui, the Orchid.

I am she about whom history will be written.

David Bouchard

Ich bin die Kaiserinwitwe von China.

Ich bin Lao Foye, der Große Alte Buddha.

Ich bin Cixi, die Heilige Mutter.

Ich bin und ich wurde geboren, Langui, die Orchidee.

Ich bin die, über die Geschichte geschrieben werden wird.

Inhalt

Vorwort

Die letzten Jahrzehnte des chinesischen Kaiserreichs waren geprägt von der Unzufriedenheit der eigenen Bevölkerung, die zu inneren Unruhen führte, und der Aggression von außen. Imperialistische Gewalt der westlichen Mächte verursachte schließlich den Untergang des chinesischen Kaiserreichs. Die mandschurische Qing-Dynastie endete mit der Einflussnahme der Kaiserinwitwe Cixi auf das politische Geschehen während der Herrschaftsperioden ihres Gemahls, ihres Sohnes und ihres Neffen. Während dieser Zeit bestimmte sie dreimal als Regentin aktiv und offiziell die Politik des Reiches. So erscheint die letzte Kaiserin Chinas, **Kaiserinwitwe Cixi (Tzu-Hsi, 1835-1908),** als eine der faszinierendsten und facettenreichsten Frauen der letzten Jahrhunderte.

Jahrzehntelang wurde Cixi einem westlichen Publikum als machtgierige, mordende, sexbesessene Hexe dargestellt; man verglich sie mit Messalina, der dritten Frau des römischen Kaisers Claudio, die als ausschweifende Nymphomanin galt, oder mit Jezebel, laut Bibel einem unmoralischen, sexuell bedrohlichen Weib. Mit Referenz zu China schimpfte man sie „Alte Mandschu Odaliske" (Haremsfrau) oder aber „Niederträchtige Drachenkaiserin", die jeden vergiften, erwürgen, enthaupten oder Selbstmord begehen ließ, der jemals ihre autokratische Herrschaft in Frage stellte. Das Porträt von Cixi als einer erbarmungslosen, egoistischen Despotin, die mit eisernem Willen 1861 die Macht an sich gerissen hatte, um China ein halbes Jahrhundert lang mit Perversionen, Korruption und Intrigen zu regieren, wurde hauptsächlich von drei westlichen

Männern gezeichnet. Da war zum einen **Dr. George Ernest Morrison,** Peking-Korrespondent der Londoner Zeitung TIMES, der in jenen Zeiten größten Zeitung der Welt. Er war der einzige ganzjährig in Peking ansässige Journalist, der bei gesellschaftlichen Ereignissen allen Klatsch aufschnappte und sich ansonsten auf die Berichte seiner Zuträger verlassen musste. Obwohl er 20 Jahre in China verbrachte, lernte er die chinesische Sprache nicht und konnte deshalb den Wahrheitsgehalt seiner Informationen kaum überprüfen. Somit wurden seine Artikel mitverantwortlich für viele Verleumdungen, die bis heute das Bild der Kaiserinwitwe prägen.

Ihm zu Diensten stand **John Ottway Percy Bland**, ein Shanghai-Korrespondent der TIMES und Sekretär des Gemeinderats der Internationalen Ansiedlung in Shanghai. Bland las und schrieb perfekt Chinesisch, interessierte sich sehr für Klatsch und lieferte einseitige und falsche Berichte an Morrison.

Der dritte im Bunde war **Edmund Blackhouse,** ein junger Sprachwissenschaftler, der von Oxford kam und behauptete zwölf Sprachen zu sprechen. Binnen kurzer Zeit lernte er Chinesisch und Mandschu und bewarb sich als Dolmetscher beim Zolldienst. Nebenbei übersetzte er Zeitungsartikel und Dokumente, auf deren Grundlage Morrison ebenfalls seine Artikel verfasste. Nach dem Tod der Kaiserinwitwe 1908 kündete Blackhouse außerordentliche Entdeckungen an, die er angeblich in Archiven und Dokumenten des Hofes gemacht hatte. Im Jahre 1910 brachte er zusammen mit Bland ein Buch heraus mit dem Titel *"China under the Empress Dowager"* und 1914 folgte *"Annals and Memoirs of the Court in Peking"*. Den größten Schaden richtete Blackhouse an, indem er auf hinterhältige Weise das Bild der Kaiserin pornographisch entstellte. Auf diesem Gebiet war er ein Könner, denn schon in England hatte er Briefe mit der Schilderung homosexueller Begegnungen geschrieben und heimlich in Umlauf gebracht. Und so durchzog das Thema der sexuellen Perversion der Kaiserin seine beiden Biografien über Cixi, in denen er sie als ein verworfenes Geschöpf darstellte. Gleichzeitig wurde ihr angelastet, sie habe den Mandschu-Hof so sehr durch Korruption zersetzt, dass dieser unfähig geworden sei, der aggressiven Politik der ausländischen Mächte in den vergangenen Jahrzehnten zu widerstehen. 1974 wurde Edmund Blackhouse als Betrüger und Schwindler überführt und sein Werk als eine einzige Fälschung entlarvt.

Ein Chinese trug ebenfalls zum Negativbild der Kaiserinwitwe bei. **Kang Yu-wei**, ein Reformist, der zum Ratgeber von Kaiser Guangxu wurde und der verantwortlich zum Scheitern der Hunderttagereform beigetragen hat. Nach seiner Flucht aus China feierte man ihn Anfang des 20. Jahrhunderts in der westlichen Welt als den großen Helden der Reformbewegung. Unbekümmert versorgte er Westeuropäer und Amerikaner mit gefälschten schockierenden Enthüllungen über das geheime Leben einer bösartigen Tyrannin, des „Alten Buddha".

Ganz anders erschien die Kaiserinwitwe in Briefen und Tagebüchern von Diplomaten, Militärs, Missionaren und Geschäftsleuten sowie deren Ehefrauen. Zwei Herren, die von der Kaiserinwitwe berichteten, trafen sie persönlich, und deshalb sind ihre Aussagen über Aussehen und Verhalten der Herrscherin authentisch. Die ihr wohlgesinnten Herren waren der Zollbeamte

Robert Hart, welcher mehr als 40 Jahre in China lebte, und der niederländische Maler **Hubert Vos,** der Cixi 1905 porträtierte. Der China-erfahrene Missionar und Professor **I.T. Headland** hatte Einblick in das Leben am Kaiserhof, und er verehrte die Kaiserinwitwe als intelligente Herrscherin in schwierigen Zeiten. Auch der während der letzten Regierungsjahre Cixis in Hongkong lebende Herausgeber der Hongkong Daily Press, **P. W. Sergeant,** berichtet fundiert und objektiv.

Bei der Recherche zu diesem Buch stellte sich heraus, dass etliche Frauen um die Jahrhundertwende über ihren Aufenthalt in China, über die Belagerung der Gesandtschaften während des Boxeraufstandes und über private Begegnungen mit der Kaiserinwitwe geschrieben haben. Besonders zu erwähnen sind: **Der Ling Yu Ken, Sarah Pike Conger, Katherine Carl** und **Lady Townley.** Die schmeichelnden Aussagen dieser Damen wurden von den männlichen Zeitgenossen jedoch als Produkt zielstrebiger Frauen abgetan, die sich von den honigsüßen Worten und wertvollen Geschenken der Regentin beeinflussen ließen. Dabei war Der Ling die erste westlich erzogene Chinesin, die als Hofdame der Kaiserinwitwe zwei Jahre lang in der Verbotenen Stadt lebte und ausführlich von ihren Erfahrungen berichtete. Sarah Pike Conger, die Ehefrau eines amerikanischen Ministers, entwickelte ein fast freundschaftliches Verhältnis zu der alternden Herrscherin, und auch sie erzählte davon in ihrem Buch „Briefe aus China". Sarah Conger brachte schließlich die amerikanische Malerin Katherine Carl an den Kaiserhof. Katherine Carl residierte als erste Ausländerin mehrere Monate hinter den geheimnisvollen

Mauern und malte während ihres Aufenthaltes ein Portrait von Cixi, das um die Welt reiste. Lady Townley bereiste mit ihrem Mann China und schildert mehrere private Treffen mit der Kaiserinwitwe.

Dieses Buch erzählt vom Leben einer Frau, die als Kind unbeschwert in einfachen Verhältnissen aufwuchs, die als junge Frau Konkubine eines Kaisers, dann Mutter eines Kaisers und Ehefrau eines Kaisers wurde, die als Witwe Kaiser bestimmen und Kaiser verbannen konnte und die fast 50 Jahre lang Regentin eines riesigen Kaiserreichs war – und dies alles während der dramatischen politischen Geschehnisse Ende des 19. und Anfang des 20. Jahrhunderts. Romane und unzählige Geschichten ranken sich um diese faszinierende Herrscherin und geben einen Einblick in die alte traditionelle Lebensweise der Chinesen, die uns Europäer immer noch in Erstaunen zu versetzen vermag. Die geschichtlichen Tatsachen erscheinen heute in einem anderen Licht. Während der deutsche Kaiser von den Chinesen als der „Gelben Gefahr" sprach, sah der zu Cixis Zeiten lange Jahre in China lebende Missionar und Professor an der Pekinger Univertät, I.T. Headland, die westlichen Alliierten als die „Weiße Gefahr" an.

Geschichtlicher Hintergrund

Die Qing-Dynastie (1644-1908)

Um Cixi verstehen zu können, nützt es, sich mit der Geschichte Chinas vom 17. bis zum 20. Jahrhundert zu befassen. Obwohl die Han-Chinesen den Hauptanteil der chinesischen Bevölkerung bildeten, wurde seit dem Beginn der Qing-Dynastie vor mehr als 200 Jahren das Land von den Mandschu regiert. Mit dem Machtwechsel hatte es folgende Bewandtnis:

Im Jahre 1644 rief die chinesische Ming-Dynastie die Mandschu zu Hilfe, um die im Lande übermächtigen Rebellen zu vernichten. Die Mandschu-Armee war in „Banner" unterteilt, ein System, das ursprünglich auf unterschiedliche Stammeszugehörigkeit zurückging. 24 Banner waren nun an der Eroberung Chinas beteiligt; dabei nahmen etwa 170.000 Mann an dem Angriff aus dem Nordwesten des Reiches teil. Das abgehärtete, an Entbehrungen gewöhnte Volk der Mandschu besiegte die Aufständischen, wollte dann aber nicht in die Steppe zurückkehren. Stattdessen setzten die Eroberer Shun-chih, den Sohn ihres Anführers Nurhaci, auf den Drachenthron, um ihren Herrschaftsanspruch zu unterstreichen. Der letzte, kraftlose Ming-Kaiser Chongzhen stieg daraufhin in Peking hinauf zum Pavillon auf dem Aufsichtsberg hinter der Verbotenen Stadt. Während unten die Banditen durch die staubigen Straßen galoppierten, knüpfte er eine gelbseidene Bogenschnur um eine der rotlackierten Holzsäulen und erhängte sich. Seine letzten Worte werden folgendermaßen wiedergegeben:

„Schwach und wenig tugendhaft habe ich den Himmel beleidigt. Weil ich mich von meinen Ministern täuschen ließ, haben Rebellen meine Hauptstadt eingenommen. Ich sterbe zu beschämt, um meinen Ahnen zu begegnen. Ohne Kopfbedeckung, mit übers Gesicht hängenden Haaren, so möge mein Leib von den Rebellen geviertelt werden."[1]

Die Mandschu-Herrscher übernahmen die konfuzianische Ethik und den buddhistischen Glauben dieser höchst zivilisierten Gesellschaft, die sie besiegt hatten. Hierin hatte der Kaiser ein zweifaches Mandat: Auf religiösem Gebiet war er der Sohn des Himmels, die Verbindung zu den Göttern und Ahnen, auf Erden musste er das Land gerecht regieren. Die neuen Herrscher stützten sich weiterhin auf das Mandarinat, das heißt, auf die Klasse der Beamten, welche die kaiserlichen Prüfungen erfolgreich abgelegt hatten. Alle Minister und Beamten trugen zur ihrer eindeutigen Identifizierung eine runde Kappe in unterschiedlichen Farben und mit Juwelen geschmückt, die ihren Rang anzeigten; die höchsten Würdenträger wurden noch mit einer zusätzlichen Pfauenfeder ausgezeichnet.

Als Cixi, ein junges Mandschu-Mädchen aus dem Stamm der Yehe Nara, 1851 in die Verbotene Stadt kam, herrschte der sibirische Volksstamm schon mehr als zweihundert Jahre über China. Die Mandschu-Eroberer waren, wie schon erwähnt, den ethnischen Chinesen, den Han, zahlenmäßig im Verhältnis von hundert zu eins unterlegen und setzten deshalb ihre Herrschaft mit brutalen Mitteln durch. Männliche Han-Chinesen mussten als

Zeichen der Unterwerfung die Haartracht der Mandschu tragen. Traditionell hatten die männlichen Han lange Haare, die sie zu einem Knoten banden; die Mandschu-Männer hingegen rasierten sich an der Stirn und den Seiten die Haare ab und ließen sie nur in der Mitte wachsen. Diese Haare flochten sie dann zu einem langen Zopf, der über den Rücken herunter hing. Wer von den Han-Chinesen sich weigerte, den Zopf zu tragen, wurde ohne viel Federlesen geköpft.

Im 19. Jahrhundert lebten in der Hauptstadt Peking zwei bis drei Millionen Mandschu – eine winzige Schicht fremdstämmiger Herrscher. Der höfische Zwang und die Haremswirtschaft hatten die Einfachheit ihrer Sitten bereits ebenso zerstört wie ihre innere Kraft, und der letzte große und tatkräftige Kaiser Qianlong war schon hundert Jahre zuvor gestorben. Mit ihm rissen die Wurzeln zum mandschurischen Urvolk ab, und es gab jetzt in der gesamten Stadt keinen einzigen Mandschu, der die Sprache seiner Ahnen noch richtig sprechen konnte. Das wilde Reitervolk aus der Steppe war von China aufgesogen und assimiliert worden und seine ehemalige Heimat nur noch eine Provinz des jetzigen Reiches. Unendliche Zeremonien bestimmten den Tagesablauf am Hof und seit alters her überlieferte Vorschriften wurden strikt befolgt. So durften zum Beispiel die Gemahlinnen des Kaisers und auch seine Konkubinen nur Mandschu-Frauen sein. Kaum einer erinnerte sich noch an die alten Legenden der Urväter oder brachte Cixi (aus dem Stamm der Yehe Nara) damit in Verbindung. Nach Grießler ist folgende Legende über die Thronfolge wichtig:

Eine Vorhersage

Der Begründer des mandschurischen Herrscherhauses ist der tungusische Stammesfürst Nurhaci. Als er im Jahre 1618 seinen letzten verbliebenen großen Feind, nämlich den Stamm der Yehe Nara besiegt, belegt der unterlegene Stammesanführer seinen Bezwinger mit einem Fluch: „Der Stamm deiner Nachkommen wird eines Tages durch eine Frau aus dem Stamm der Yehe Nara zu Fall kommen!"

Auch mandschurische Sieger sind abergläubisch, und Nurhaci befiehlt deshalb: „Künftigen Generationen meines Herrscherhauses ist es untersagt, eine kaiserliche Konkubine aus dem Stamm der Yehe Nara an den Hof zu nehmen!" Doch der 7. Qing-Herrscher, Kaiser Xianfeng, weiß nichts mehr von diesem Fluch oder glaubt nicht daran. So verstößt er gegen das legendäre Gebot und nimmt Yehonala, die diesem Stamm angehört, zur Konkubine.[2]

Die Lebensgeschichte dieser außergewöhnlichen Frau, die später fast 50 Jahre lang das Chinesische Kaiserreich regierte, wird zeigen, dass Cixi nur zum Teil dafür verantwortlich war, dass sich die Vorhersage schließlich bewahrheitete.

Das Opium

Einen weit größeren Einfluss auf den Niedergang der Qing-Dynastie hatten die politischen Ereignisse, bei denen West und Ost aufeinanderstießen. Am bedeutendsten waren die Opiumkriege und die daraus resultierenden Verträge. Die Situation war folgende: Die Briten versuchten ihre umfangreichen Importe aus China, vor allem Tee, durch den Export von Opium aus Indien auszugleichen. Die Ostindische Handelskompanie und mit ihr die Britische Regierung verdienten dabei außerordentlich gut. Die Opium-Exporte stiegen bis 1820 auf 900 Tonnen und bis 1883 auf 1400 Tonnen jährlich. Alle Waren wurden in den damals einzigen für Ausländer geöffneten chinesischen Handelshafen Kanton (heute Guangzhou) geliefert. In China jedoch waren Import, Anbau und das Rauchen von Opium seit 1793 verboten, weil man wusste, welch gewaltigen Schaden die Droge der Wirtschaft und den Menschen zufügte. In einer zeitgenössischen Beschreibung von Opiumsüchtigen hieß es: *Die Schultern hängen herab, die Augen sind wässrig, die Nase läuft, der Atem geht stoßweise, sie sehen mehr tot als lebendig aus.* Deshalb erging folgender kaiserlicher Erlass:

„Opium ist ein Gift, das unsere guten Sitten und die Moral untergräbt. Sein Gebrauch ist gesetzlich verboten... Den Vizekönigen, Gouverneuren und Seezoll-Hauptkommissaren der Provinzen Guangdong und Fujian, aus denen Opium kommt, befehlen wir eine gründliche Suche nach Opium durchzuführen und den Nachschub zu unterbinden." [3]

„Kaufen Sie das Gift sofort, damit wir viel Tee haben können,
um unser Roastbeef zu verdauen!" [4]

Am Hof herrschte große Angst, dass – sollte die Sucht sich weiter ausbreiten – das Land bald keine fähigen Soldaten und Arbeitskräfte mehr haben würde, von Silber, dem Zahlungsmittel, ganz zu schweigen. Im März 1839 schickte Kaiser Daoguang, Cixis späterer Schwiegervater, einen Drogenbekämpfer, Lin Zexu, als Kaiserlichen Kommissar nach Kanton, wo ausländische Schiffe vor Anker lagen. Kommissar Lin verlangte, dass die Händler ihm sämtliche Opiumvorräte übergeben sollten. Die Händler widersetzten sich, woraufhin Lin das Wohngebiet der Ausländer abriegeln ließ und erklärte, sie würden erst freigelassen, wenn alles Opium, das sich in chinesischen Gewässern befände, übergeben worden sei. Letzten Endes wurden Kommissar Lin 20.813 Kisten mit jeweils 50 kg Opium ausgehändigt, mehr als eine Million Kilogramm; daraufhin hob er die Abriegelung auf. Lin ließ das Opium vor den Toren von Kanton vernichten: Zuerst wurde es geschmolzen und dann ins Meer gekippt. Bevor der Kommissar die Droge dem Meer übergab, vollzog er ein Opferritual für den Gott des Meeres, in dem er ihn bat, er möge den Fischen raten, diesen Platz zu verlassen, um dem Gift zu entgehen.

Kommissar Lin wusste, dass das Oberhaupt Englands eine Frau war, eine ziemlich junge, von der aber alle Befehle kamen. Aus diesem Grund verfasste er einen Brief an Königin Victoria, die seit 1837 auf dem Thron saß, und bat sie um Kooperation. Lin schrieb:

Laßt uns anfragen, wo ist Euer Gewissen? Ich habe gehört, daß das Rauchen von Opium in Eurem Lande auf das strengste verboten ist, und zwar, weil der Schaden, der durch Opium verursacht wird, klar verstanden wird. Da es nicht gestattet ist, in Eurem eigenen Lande Schaden zu tun, um wie viel weniger solltet Ihr gestatten, daß es weitergegeben wird, um in anderen Ländern Schaden zu tun – und um so viel weniger auch in China. Von allen Dingen, die China nach fremden Ländern exportiert, ist nicht eine einzige Sache, die nicht für die Völker wohltätig wäre. Sie sind von Nutzen, wenn man sie ißt, sie sind von Nutzen, wenn man sie gebraucht, sie sind von Nutzen, wenn man sie wiederverkauft.[5]

Kaiser Daoguang war mit dem Brief des Kommissars einverstanden, aber man weiß nicht, ob Königin Victoria ihn je erhalten hat. Belegt ist jedoch, dass er in der zeitgenössischen englischen Presse in Kanton, der *Canton Press*, und in der Februar-Ausgabe der *Chinese Reprository*, einer *„Zeitschrift für protestantische Missionare"*, veröffentlicht wurde.

Der 1. Opiumkrieg und der Vertrag von Nanjing 1840-1842

In den nächsten beiden Jahren griffen dutzende britischer Kriegsschiffe und 20.000 Soldaten die chinesische Küste im Süden und Osten an, sie besetzten Kanton und kurz auch Shanghai. China, das keine Kanonenboote besaß und nur über eine schlecht ausgerüstete Armee verfügte, wurde besiegt. Im Jahre **1842** bat der Hof um Frieden mit England. Der ausgehandelte **Vertrag von Nanjing** war der erste einer Reihe „ungleicher Verträge", die dem chinesischen Reich in den nächsten Jahrzehnten aufgezwungen wurden; am 29. August 1842 wurde er auf einem Kriegsschiff auf dem Jangtse unterzeichnet. Die für China wichtigste Klausel lautete:

Hongkong und einige kleinere Inseln in der Nähe müssen für 99 Jahre an die Briten verpachtet werden. China wird gezwungen, außer Kanton die Häfen Amoy (heute Xiamen), Foochow (heute Fuzhou), Ningpo (heute Ningbo) und Shanghai für den Handel zu öffnen und die Zölle für Ausländer zu senken. England wird für den Verlust des Opiums eine

Entschädigung von 21 Millionen Silberdollar zugesagt. Der Opiumhandel darf fortgesetzt werden und britische und französische Missionare erhalten die Erlaubnis, nach China einzureisen.[6]

Die Vertragsbedingungen führten zu einer finanziellen Krise der kaiserlichen Kasse. Kaiser Daoguang verfügte daraufhin strikte Sparmaßnahmen. Selbst die Ausgaben für Kleidung und Schmuck der Kaiserin und der Konkubinen wurden beschränkt. Er selbst trug fortan alte Kleider und verzichtete auf Jagdausflüge – geringe Maßnahmen, welche die finanzielle Situation nicht verbessern konnten.

Der Taiping-Aufstand (1850-1864)

Der Ausgang des 1. Opiumkrieges bedeutete, dass China in der Mitte des 19. Jahrhunderts eine starke Führung brauchte. Zu den erdrückenden Forderungen der Westmächte kamen weitere Faktoren: Naturkatastrophen entzogen den Bauern ihre Lebensgrundlage, in den Grenzregionen gab es Unruhen und in Südchina gewannen Piraten und Triaden (kriminelle Organisationen) zunehmend an Macht.

In diesen turbulenten Zeiten glaubte ein junger Lehrer namens **Hong Xiuquan** seine Bestimmung gefunden zu haben. Hong entstammte einer Bauernfamilie vom dunkelhäutigen Hakka-Stamm der Bergvölker, die südlich von Guilin in der Nähe von Thistle Mountain lebten. Sein eigentlicher Name war Hsiu Tsuan. Er war ehrgeizig, studierte und meldete sich zu den kaiserlichen

Prüfungen in der Hoffnung, einmal Gouverneur zu werden. Aber trotz aller Anstrengungen fiel er dreimal hintereinander durch die Examen. Zu dieser Zeit lernte er einen Christen kennen, der ihm von seinem Gott Jesus erzählte, der in leiblicher Gestalt als Mensch auf die Erde gekommen und von seinen Feinden getötet worden, aber von den Toten auferstanden und wieder in den Himmel aufgefahren sei. Der durchgefallene Examenskandidat kam nun auf den Gedanken, sich als den jüngeren Bruder Jesu auszugeben, nachdem er einen seltsamen Traum gehabt hatte:

Er steigt in den Himmel auf, wo er einem hochgewachsenen, eindrucksvollen Mann mit einem langen goldenen Bart begegnet, der „Dämonenteufel" beschuldigt, die Welt zu peinigen. Hong springt auf, erklärt sich zum Kaiser und schreibt den Titel „Himmlischer König, Herr des Königlichen Weges" mit roter Tinte auf ein Blatt Papier. Zuerst weiß er nicht, wie er die Vision deuten soll. Aber nach der Lektüre einiger christlicher Traktate kommt er zu dem Schluss, dass der hochgewachsene Mann der christliche Gott gewesen ist und er selbst ein Sohn Gottes und somit der Bruder Jesu Christi. Die auszurottenden „Dämonenteufel" seien die Qing. Der Konfuzianismus müsse vernichtet und ein Himmlisches Reich des Taiping (des Großen Friedens) errichtet werden. [7]

Dies und uralte Gleichheitsideale predigend, sammelte Hong Anfang der 1850er Jahre alle unzufriedenen und aufrührerischen Elemente als Anhänger um sich, um mit ihrer Hilfe die regierende Dynastie zu beseitigen und ein neues Reich aufzubauen, das den Namen „Königreich des Großen Friedens" – „Taiping" führen sollte. In diesem neuen Reich sollten die Wohlhabenden arm gemacht und die Armen reich werden, die Hohen sollten erniedrigt und die Niedrigen erhöht werden. Mit solchen Versprechungen gewann er viele Anhänger.

Lied der Rebellen:

Die, die Millionen besitzen, schulden uns ihr Geld.
Die halb reich, halb arm sind, können ihre Felder bestellen.
Die mit Ambitionen, aber ohne Geld, sollten mit uns gehen.
Arm oder hungrig, der Himmel wird euch erhalten.[8]

1850 brach in der Provinz Guangxi die größte Bauernrevolte in der chinesischen Geschichte aus. Nach einer großen Hungernot hatten dort Zehntausende Bauern in ihrer Verzweiflung zu diesem letzten Mittel, dem bewaffneten Aufstand, gegriffen, ungeachtet der entsetzlichen Folgen, die ihnen drohten. Die obligatorische Strafe für die Anführer war „Tod durch tausend Schnitte", dabei wurde der Verurteilte öffentlich in Stücke geschnitten. Schnell wuchs die Zahl der Aufständischen auf mehrere Millionen an. Durch Räubereien und Plünderungen sammelte Hong großen Reichtum an und kaufte Waffen von den Europäern. Verbrecher aus dem ganzen Reich stießen täglich zu ihm. Seine Anhänger nannten ihn ehrfurchtsvoll den „Himmlischen König". Unter seinem magischen Einfluss fielen sie in Verzückung und hatten Visionen. Sie glaubten auch, dass der Himmlische König Soldaten aus Papier schneiden konnte, sie anhauchte und damit zu wirklichen, lebendigen Kriegern machte. Überall verbreitete dieser Rebellenführer Angst und Schrecken.

Aber niemand wagte es, sich ihm entgegenzustellen, denn ohne Gewissen, ohne Furcht, ohne Gefühl für Recht oder Unrecht jagte er wie ein Tobsüchtiger alle, die sich ihm nicht anschlossen, in die Flucht. Die Rebellen begannen mit der Zerstörung von Tempeln, bauten eine bewaffnete Streitmacht auf und erzielten Siege über kaiserliche Truppen. Ermutigt marschierten Hong und seine Getreuen nach Norden in die Provinz Hunan und danach zum mächtigen Jangtse-Fluss, wo sie weiteren Zulauf von Bauern erhielten. – Auch in Ost-, Südwest- und Westchina gab es größere Aufstände.

Im Frühjahr 1863 erreichten und besetzten die „Gotteskrieger" die ehemalige Ming-Hauptstadt Nanjing, in jenen Tagen die zweitgrößte Stadt des chinesischen Reiches. Sie töteten dabei 20.000 Mandschu. Am 29. März erschallte feierliche Musik aus den rauchenden Trümmern und alle Bürger mussten sich an den Straßen aufstellen – in langer Prozession zogen die Sieger ein. Der wichtigste Mann erschien zuletzt. Auf einer goldenen, von 16 Männern getragenen Sänfte saß Hong Xiuquan, der Rebellenführer, nun Himmelskönig. Für seine Kleidung, von den Schuhen bis zur drachenbestickten Robe, hatte er Gelb gewählt, ein Sakrileg, denn diese Farbe, welche die Sonne, Gold, Reichtum, Macht und Herrlichkeit symbolisierte, war ausschließlich dem Kaiser vorbehalten. Über seiner Sänfte schwebten die Bildnisse fünf weißer Kraniche, Symbol der Langlebigkeit und des Glücks. Hinter ihm ritten 32 Frauen mit gelben Sonnenschirmen. Nanjing sollte von nun an „Himmlische Hauptstadt" des „Himmlischen Königreichs Taiping" sein. Als Kaiser Xianfeng die Nachricht von der Einnahme Nanjings erhielt, brach er vor seinen Beamten in Tränen aus.

Ein Jahr lang kämpften Rebellen und kaiserliche Truppen gegeneinander und verwüsteten das Land. Während dieser Zeit erschien Hong, der selbsternannte „Himmlische König", kaum noch in der Öffentlichkeit, sondern führte ein ausschweifendes Leben mit seinem Harem. Die Taiping-Soldaten verloren fortan die meisten Kämpfe und Hong nahm sich am 1. Juni 1864 in Nanjing das Leben, indem er „Gold" schluckte. Nur anderthalb Monate nach seinem Tod sprengten kaisertreue Truppen von einem eigens gegrabenen Tunnel aus ein Loch in die Stadtmauer. Alle Taiping-Rebellen, die die Stadt zu verteidigen versuchten, wurden getötet. Der Hof erließ folgendes Edikt :

„Worte können nicht ausdrücken, welches Elend und welche Verheerung er verursacht hat. Das Maß seiner Gräuel war voll, und der Zorn der Götter und der Menschen hat sich gegen ihn gerichtet."[9]

Obwohl dieser Aufstand der Bauern und Unzufriedenen nach 14 Jahren niedergeworfen wurde, waren seine Auswirkungen auf China und das 2000 Jahre alte Kaisertum fatal. Die Taiping-Rebellion hatte circa 20 bis 30 Millionen Menschen das Leben gekostet und das Land völlig ausgelaugt. Aus den weiten fruchtbaren Gebieten Süd- und Mittelchinas waren Wüsteneien geworden. Die politischen und militärischen Machtverhältnisse hatten sich verschoben, und die Erfolge mächtiger Provinzbeamter und Warlords im Kampf gegen die Taiping hatten die Zentralregierung entscheidend geschwächt. Kein Herrscher in der Verbotenen Stadt würde wieder mächtig genug sein, dem erschöpften und zerrissenen Imperium eine neue Ordnung aufzwingen zu können.

1. Cixis unbeschwerte Kindheit (1835-1851)

Der Mandschu-Clan und die Familie

Cixi wuchs also in politisch unsicheren Zeiten auf, ihre Kindheit schien jedoch von den Unruhen im Land unberührt. Die Erziehung stand noch fest in den althergebrachten Traditionen der Familie. Über diese Familie gibt es unterschiedliche Aussagen. So soll sich einer Deutung nach die Ahnenreihe bis zum Begründer der Qing-Dynastie zurückführen lassen. Angeblich war Vater Huizheng ein Mandschu-Adliger aus der Nara-Sippe, die wiederum Teil der Banner war, welche sich im frühen 17. Jahrhundert im Kampf gegen die Ming-Dynastie ausgezeichnet hatten.

Da das erste Kind der Familie ausgerechnet ein Mädchen war, wurde die Kleine nicht allzu freudig willkommen geheißen, als sie am 29. November 1835 das Licht der Welt erblickte. Niemand konnte zu diesem Zeitpunkt vorhersehen, dass dieses kleine Wesen einmal die mächtigste Frau des Chinesischen Reiches werden würde. Das Mädchen führte ein sorgloses Leben mit Geschwistern und anderen Kindern in der Nachbarschaft. Zu seiner Kindheit erzählt man folgende Geschichte:

Eines Tages, als sie fünf Jahre alt ist, necken die Spielge-
fährten sie, weil sie im Jahr des Schafes geboren ist. Sie rufen:
„Mäh, mäh, nicht mehr lange und du wirst geschlachtet!"
Weinend läuft das Mädchen nach Hause. Der Vater tröstet

sie: „Das Schaf ist eine bewundernswerte Kreatur. Es ist Symbol von Bescheidenheit, Harmonie und Pflichterfüllung. Außerdem hast du in deinem Geburtsdatum eine doppelte 10, denn der 29. November 1835 war der 10. Tag des 10. Mondmonats. Das ist ein äußerst starkes Zeichen."

Die Mutter aber ist unsicher und ruft einen Astrologen herbei, der die Zukunft des Kindes vorhersagen soll. Der Zukunftsdeuter zeigt sich von der doppelten Zehn nicht sehr begeistert und erklärt: „Eure Tochter wird ein störrisches Schaf werden und unglücklich enden. Ich empfehle euch, dem Mädchen einen Namen zu geben, der das Ganze etwas mildert." So nennt man das Kind „Orchidee", da diese Blume zu allen Jahreszeiten grün ist, da die Blüte in eleganten Farben leuchtet, ihre Form anmutig ist und ihr Duft betört. [1]

Als Tochter einer gebildeten Familie lernte Orchidee lesen, ein wenig Chinesisch schreiben, zeichnen, sticken und nähen – alles Fähigkeiten, die eine junge Dame beherrschen sollte. Später würde sich das als nützlich erweisen, denn für eine Kaiserinwitwe war es traditionelle Pflicht, als Symbol der Weiblichkeit an einem bestimmten glücksverheißenden Tag das Muster für ein eigenes Kleid auszuschneiden.

Die Mutter liebte Gedichte von Li Po, dem berühmten Poeten der Tang Dynastie, gleichzeitig war sie eine große Opernliebhaberin. Das ganze Jahr über sparte sie, damit sie zum Neujahrsfest eine Gruppe Sänger und Schauspieler zu einer Aufführung ins eigene Haus einladen konnte. Jedes Jahr wurde eine andere Oper aufgeführt und alle Nachbarn durften daran teilnehmen. Als Orchidee zwölf Jahre alt war, wurde die Oper „Hua Mulan" aufgeführt, und Orchidee soll von der Heldin so bezaubert gewesen sein, dass sie dieser ihr Taschengeld schenkte. [2]

Im Jahre 1849 ernannte Kaiser Daoguang den Vater zum Gouverneur einer großen Region in der Mongolei. Im Sommer dieses Jahres reiste er mit seiner Familie dorthin und ließ sich in Hohhot, der heutigen Provinzhauptstadt der Mongolei, nieder. Zum ersten Mal kam Orchidee aus dem übervölkerten Beijing heraus, lernte die Natur schätzen und verliebte sich in das Grasland der mongolischen Steppe. Doch lange konnte sie die herrliche Gegend nicht genießen. Schon wenige Monate nach dem Umzug starb Kaiser Daoguang im Februar 1850 und sein neunzehnjähriger Sohn Xianfeng wurde sein Nachfolger. Nach der Krönung wurden im ganzen Land Gemahlinnen für ihn gesucht. Alle Mandschu-Familien ab einem bestimmten Rang mussten ihre Töchter registrieren lassen, sobald sie in die Pubertät kamen. Orchidee stand auf der Liste, ebenso wie ihre um ein Jahr jüngere Schwester. Im Alter von 16 Jahren würde sie nun die Kaiserstadt, die Verbotene Stadt, zum ersten Mal besuchen.

2. Eine Konkubine 5. Grades (1851-1853)
Die Verbotene Stadt

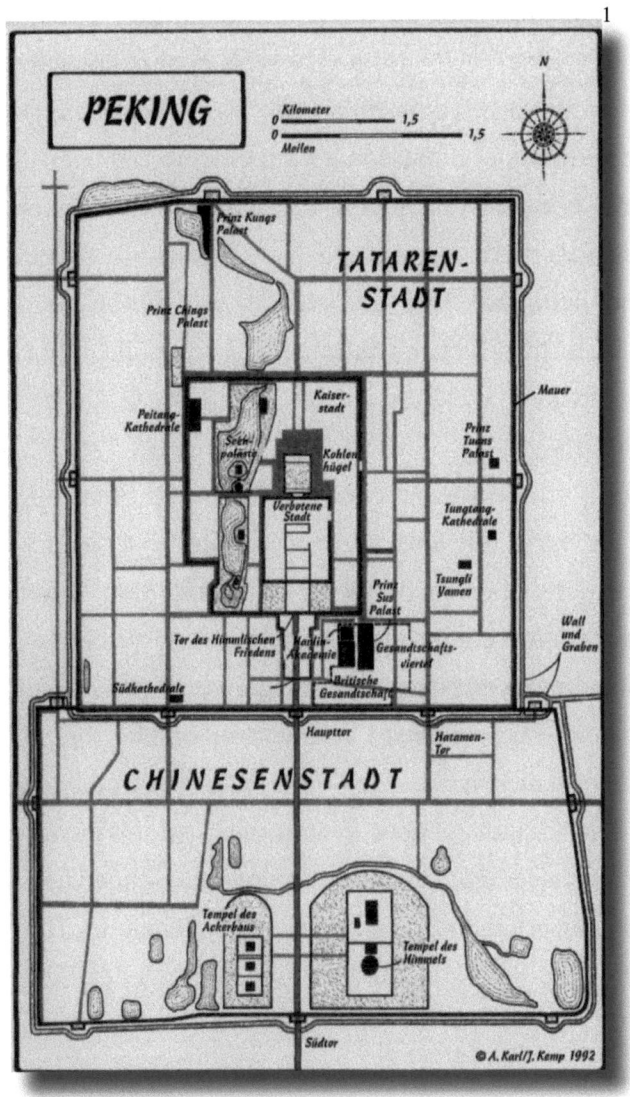

Die rechteckige, 720.000 Quadratmeter umfassende Anlage, der vielleicht größte Kaiserpalast der Welt, bestand seit dem 15. Jahrhundert. Hier befanden sich neben vielen kleineren Gebäuden mehr als zehn Hauptpaläste, drei Parkanlagen und ein lamaistischer Tempel. Der Kaiserthron stand im Zentrum, in der Mitte der Verbotenen Stadt. Alle Bauten waren nach Süden ausgerichtet. Außen herum verlief eine rund zehn Meter hohe und an der Basis beinahe neun Meter dicke Mauer mit einem herrlichen Tor zu jeder Seite und je einem prächtigen Wachturm an den Ecken. Fast alle Gebäude innerhalb der Anlage hatten glasierte Ziegel in einem ausschließlich dem Hof vorbehaltenen Gelbton. In der Sonne schimmerten die Dächer wie ein Meer aus Gold – hoch über der Stadt, denn kein Untertan durfte über dieses „kaiserliche Maß" hinaus bauen.

Das Große Innen, wie die Verbotene Stadt auch genannt wurde, war eine seltsame und schwierige Welt, insbesondere für die Frauen, die dort lebten. Obgleich sich in ihren Räumlichkeiten zu Zeiten nicht weniger als 6000 Menschen aufhielten, war nach Sonnenuntergang nur noch ein einziger von ihnen ein echter Mann. Während des Tages gingen Leute von außen hier ihren Geschäften und Amtspflichten nach, doch die einzigen männlichen Personen, denen man erlaubte, über Nacht hier zu bleiben, waren der regierende Kaiser und seine unverheirateten Söhne unter 15 Jahren. Die 3000 kaiserlichen Eunuchen waren sogenannte „Halbmänner". Diese strengen Regeln sollten verhindern, dass dem Kaiser Hörner aufgesetzt würden.

Die verbotene Stadt war außerdem das Altenteil für alle Witwen und Konkubinen früherer Kaiser. Die hinterbliebenen Frauen erhielten kleine Pavillons im nordöstlichen Viertel, wo sie die restliche Lebenszeit im „Pavillon der Vergessenen Favoritinnen" verblieben. Dort widmeten sie sich der Seidenraupenzucht und verbrachten die Tage mit dem Nähen und Sticken von Schuhen, Taschen und allerlei Kleinkram. Einige von ihnen waren kaum 15 Jahre alt, als der Kaiser starb, und dennoch durften sie die Verbotene Stadt niemals mehr verlassen. Viele Mandschu-Familien waren deshalb froh, wenn ihre Töchter nicht zur Konkubine erwählt wurden und ein Leben in Freiheit führen durften.

Zur Konkubine bestimmt

Der junge Kaiser und seine Mutter suchten die Konkubinen für seinen Harem aus im Hinblick auf den Zeitpunkt, an dem die Trauerzeit für seinen Vater, die zwei Jahre und vier Monate betrug, zu Ende sein würde. Nur junge Mädchen aus einer Familie der Banner-Klassen kamen dafür in Frage. Orchidee und ihre Schwester erhielten den Befehl, am Hof zu erscheinen. Am Tag vor dem festgesetzten Datum wurden die Kandidatinnen mit Mauleselwagen von Zuhause abgeholt. Diese etwas unbequemen „Taxis" der damaligen Zeit brachten sie zu dem rückwärtigen Tor der Kaiserstadt und anschließend zum Hintereingang der Verbotenen Stadt, denn das vordere südliche Tor war für Frauen verschlossen. Die Nacht mussten die jungen Mädchen in den Wagen verbringen und sie wurden erst am nächsten Morgen von Eunuchen zur Inspektion abgeholt.

Die Kaiserinwitwe, Stiefmutter des Kaisers Xianfeng, untersuchte in Begleitung des Obereunuchen die Kandidatinnen auf ihre Grundkenntnisse in Chinesisch und Mandschurisch, auf Schönheitsfehler, Gebrechen und Krankheiten. Pearl S. Buck hat in „Das Mädchen Orchidee" die Szene so beschrieben:

Im Audienzsaal ruft der Obereunuch Namen und Alter der Kandidatinnen aus. Eine nach der anderen gehen an dem Kaiser und der Kaiserinmutter vorüber. „Yehonala*², Tochter des verstorbenen Bannermannes Hui..., siebzehn Jahre, drei Monate und zwei Tage alt!"

Sie trat geräuschlos und ohne sich zu zieren ein und ging langsam durch den großen Saal. Ihr langer rosaseidener Satinrock fiel ihr bis auf die gestickten Schuhe, die dicke weiße Sohlen hatten, sodass sie sehr groß erschien. Ihre schmalen, schönen Hände hielt sie gefaltet in Hüfthöhe. Sie drehte den Kopf nicht nach dem Thron, als sie langsam vorbeiging.

„Sie soll noch einmal vorbeigehen", befahl der Kaiser.

Die Kaiserinmutter betrachtete Yehonala mit unwillkürlicher Bewunderung. „Ich warne dich", sagte sie. „Dieses Mädchen hat eine heftige Gemütsart. Ich sehe es an ihrem Gesicht. Für eine Frau ist sie zu kräftig."

„Sie ist schön", sagte der Kaiser.

Noch immer wandte Yehonala nicht den Kopf. Sie hörte die Worte wie Geisterstimmen.

„Was macht es, wenn sie von heftiger Gemütsart ist", sagte der Kaiser. „Mit mir kann sie ja wohl nicht streiten."

„Bleib stehen", befahl er ihr. Sie stand still. Sie bot ihr

Gesicht und ihren Körper im Profil dar. Sie hatte den Kopf hoch erhoben und schien in weite Ferne zu blicken, als ob ihre Gedanken irgendwo anders wären.

„Dreh mir dein Gesicht zu", befahl der Kaiser.

Langsam, wie wenn ihr alles gleichgültig wäre, gehorchte sie. Ein anständiges, bescheidenes Mädchen, war ihr immer gesagt worden, hebt ihre Augen nicht höher als bis zur Brust eines Mannes. Beim Kaiser aber durfte sie den Blick nicht über seine Knie erheben. Doch Yehonala blickte ihm voll ins Gesicht und sah ihn mit großer Eindringlichkeit an. Sie bemerkte, dass die Augen des Kaisers flach unter seinen knabenhaft dünnen Brauen lagen. Sie sah ihn an und ließ mit ihrem Blick die Macht ihres Willens in seine Augen strömen. Eine Weile saß er unbeweglich da. Dann sagte er: „Diese erwähle ich."[2]

Am 14. Juni 1852 wurde Orchidee zur Konkubine des fünften und niedrigsten Ranges ernannt. Ihre Schwester wurde abgewiesen, durfte nach Hause zurück und außerhalb des Palastes heiraten.

Yehonala, wie sie nun am Hofe genannt wurde, freundete sich mit Niuhuru, einem bildhübschen, gebildeten fünfzehnjährigen Mädchen an, dessen Familie zu dem hochangesehenen Gelben Banner gehörte. Niuhuru wurde nach wenigen Wochen in der ersten Rang erhoben und als die offizielle Gemahlin Xianfengs zur Kaiserin gekrönt. Um ihre Gesundheit war es nicht gut bestellt, und man nannte sie deshalb im Geheimen „zerbrechlicher Phönix". Die neue Kaiserin konnte gut mit Frauen und Untergebenen umgehen und sorgte somit für Frieden im Harem, an Politik war sie nicht sonderlich interessiert, diesen Teil übernahm Yehonala. – Zwanzig Jahre lang waren die beiden Frauen nun Weggefährtinnen und Rivalinnen.

Das einsame Leben

Der Harem, in dem Yehonala fortan wohnte, war eine eigene Welt mit ummauerten Höfen und engen Gassen; es gab jedoch viele Steingärten, Bäume und Blumen. Während die Kaiserin in einem eigenen Palast lebte, wurde den Konkubinen jeweils eine kleine Wohnung zugewiesen. Die Räume waren mit bestickter Seide, geschnitzten Möbeln und juwelenbesetzten Ornamenten geschmückt, aber es wurde nur wenig Persönliches geduldet. Wie in der ganzen Verbotenen Stadt galten auch im Harem strenge Regeln. Es war genau vorgeschrieben, welche Gegenstände die Mädchen in ihren Räumen haben durften, wieviel und welche Stoffe sie für ihre Kleider verwenden durften, und je nach Rang wurde festgelegt, welches Essen jede täglich bekam – es war eine erstaunliche Menge. Eine Kaiserin hatte für sich und ihre Untergebenen pro Tag Anspruch auf 13 Kilo Fleisch, ein Huhn, eine Ente, 10 Päckchen Tee, 12 Krüge Wasser vom Jadequellenberg sowie genau festgelegte Mengen unterschiedlicher Gemüse- und Getreidesorten, Gewürze und sonstige Zutaten. Außerdem erhielt sie pro Tag die Milch von nicht weniger als 25 Kühen, denn anders als die Han-Chinesen tranken die Mandschu Milch und konsumierten Milchprodukte.

Yehonala gehörte der untersten Stufe der Konkubinen an, und deshalb stand ihr keine eigene Kuh zu, sie hatte nur Anrecht auf drei Kilo Fleisch täglich. Das alles reichte jedoch für sie, ihre vier Zofen und ihre Eunuchen. Was übrig blieb wurde an Katzen und Hunde verfüttert, selbst der Abfall wurde nicht entsorgt, sondern getrocknet und als Vogelfutter ausgelegt.

Als eine Konkubine fünften Grades war Yehonala für den Kaiser nicht von besonderer Bedeutung. Er hatte schon vergessen, dass sie ihm bei der Brautschau aufgefallen war. Manche der auserwählten Mädchen bekamen den Herrscher niemals zu Gesicht. Falls ihre Familie kein Geld hatte, den Obereunuchen zu bestechen, damit er die Aufmerksamkeit des Regenten auf die Kandidatin lenkte, konnte es sein, dass diese ihr ganzes Leben als unfreiwillige Jungfrau hinter den Palastmauern verbringen musste. Yehonala wusste, dass niemand für sie zahlen konnte, und klug wie sie war, versuchte sie, das Beste aus der Situation zu machen.

Bei ihren Streifzügen durch die Verbotene Stadt entdeckte die junge Konkubine die Bibliotheken. Die Haupthalle der kaiserlichen Bibliothek war zwölf Meter hoch, neun Meter breit und 36 Meter lang. Die Regale an den Wänden enthielten eine unschätzbare Sammlung von Manuskripten. Zum ersten Mal in ihrem Leben hatte Yehonala umfangreiche Schriften in ihrer Reichweite und Studienräume mit Staatsannalen und Sammlungen von Kunstwerken zur Verfügung. Sie suchte einen gebildeten Eunuchen, der ihr die Geschichte Chinas und die Klassiker erläuterte. Der Inhalt dieser Werke bezog sich auf den Himmel, den Kaiser und die Familie, welche untereinander durch bestimmte Pflichten, vorgeschriebene Bindungen und strenge Rituale verknüpft waren.

Wenn Yehonala nicht die Schriften studierte, nahm sie Unterricht im Malen, eine Beschäftigung, für die sie Talent mitbrachte und die ihr Freude bereitete. Als Lehrerin diente ihr Frau Miao, eine chinesische Witwe, deren Mann früh verstorben war. Frau Miao stammte aus einer Künstlerfamilie, der Vater und ihre Brüder arbeiteten ebenfalls als Maler, aber sie war die Talentierteste. Da Han-Chinesinnen am Hof für gewöhnlich nicht zugelassen waren, erlaubte man Frau Miao, ihre Füße aufzubinden und Haare und Kleidung nach Mandschu-Art zu tragen, sodass sie zumindest wie eine Mandschu-Frau aussah.[4]

Pearl S. Buck schildert in „Das Mädchen Orchidee" eine Unterrichtsstunde:

Man könnte diese Frau (Miao) schön finden, wenn ihre Augen nicht zu klein gewesen wären. Heute trägt sie ein pflaumenfarbenes Kleid und auf dem hochgekämmten Haar das Perlendiadem der Mandschus. Ein Eunuch, der sie begleitet, holt aus einem großen Schrank Pinsel, Farben und Wassernäpfchen. Yehonala steht auf und bleibt vor ihrer Lehrerin stehen. „Setzen Sie sich", fordert Frau Miao sie auf. Aber erst nachdem sie selbst Platz genommen hat, setzt sich auch Yehonala.

Jetzt sieht Yehonala noch aus einem anderen Fenster das große Land und das Volk, in dessen Mitte sie lebt. Die Kultur von Jahrhunderten breitet sich vor ihr aus, als die Lehrerin ihr von dem berühmtesten chinesischen Künstler, Ku K'ai-tschi, erzählt, der vor fünfzehn Jahrhunderten gelebt hat. Besonders gefallen Yehonala die frühen Bilder des Künstlers, Göttinnen, die auf Wolken fahren und deren Wagen von Drachen gezogen werden. Es sind Gemälde von kaiserlichen Palästen darunter, die auf lange, seidene Rollen gemalt sind. Kaiser Tschien Lung hat sie vor hundert Jahren mit seinem Privatsiegel versehen und mit eigener Hand die Worte darauf geschrieben: „Das Bild hat seine Frische nicht verloren." Eine Rolle ist über drei Meter lang und einen Viertelmeter breit und von brauner Farbe. Von den neun Szenen, die sie schildert, hat Yehonala eine am liebsten. Ein von Tierbändigern zur Belustigung des Hofes vorgeführter Bär reißt sich los und stürzt auf den Kaiser zu. Eine Dame wirft sich ihm in den Weg, um den Himmelssohn zu retten. Diese Dame, denkt Yehonala, hat Ähnlichkeit mit mir selbst. Groß, kühn und schön steht sie mit gekreuzten Armen und furchtlosen Blicken vor dem Tier, während Leibwachen mit vorgehaltenen Speeren auf den Bären losgehen...

*„Heute", sagt Frau Miao mit ihrer durchdringenden, glocken-
hellen Stimme, „werden Sie diese Skizzen von Wang Wei
studieren und kopieren!"... „Ich will, dass Sie Genauigkeit
und Feinheit lernen. Sie haben einen starken Willen. Aber
dieser muss von innen her aufgeklärt sein, und man muss ihn
im Zügel haben. Dann erst wird er genial sein."*[5]

Yehonala wurde im Laufe der Jahre eine geschickte,
ausdrucksvolle und ungezwungene Amateurmalerin. Besonders
stolz war sie auf ihre Kalligraphie. Sie malte Blumen auf
Seidenrollen und Zeichen für Glück, langes Leben und Freude,
diese gab sie als Geschenk an loyale Beamte und Freunde.

*Blumenmuster mit chinesischen Schriftzeichen, einem vierzeiligen
Gedicht und gezeichnet mit dem Siegel der Kaiserinwitwe.* [6]

Eunuchen

Es lebten tausende Eunuchen am kaiserlichen Hof, und sie regelten sämtliche Angelegenheiten des Palastes. Innerhalb der Klasse der Eunuchen herrschte eine strikte Hierarchie. Die Chefeunuchen des Kaisers und der Kaiserin standen an erster Stelle und hatten eine besondere Machtposition. Als intimste Berater und Diener, als wichtige Informanten und – nicht selten – Intriganten – verkörperten sie eine gefürchtete Autorität, und sie ließen sich ihre Einflussnahme von der Bevölkerung und der Beamtenschaft großzügig vergelten. Anfällig für Korruption und mit einem hohen Maß an Gier ausgestattet, waren sie nur auf ihren eigenen Vorteil bedacht und trugen maßgebend zum Untergang des chinesischen Kaiserreichs bei.

Ein Großteil der Eunuchen war ungebildet; nur einige, wie zum Beispiel die beiden Obereunuchen, waren belesen und gaben sich als Gelehrte. Alle anderen mussten immer damit rechnen, für die kleinste Ungeschicklichkeit bestraft zu werden. Wohin auch immer der Herrscher ging, ein in kaiserlichem Gelb gehaltener Satinbeutel mit Züchtigungsruten war dabei. Hatte sich ein Eunuch eines Vergehens schuldig gemacht, wurde er auf der Stelle verprügelt; hatte er versucht zu entwischen, wurde er zunächst einmal verprügelt und, nachdem sich die Wundkrusten gebildet hatten, ein zweites Mal. Versuchte er es erneut, kam er für zwei Monate in den chinesischen Stock, den *Kang,* ein hölzernes Halsbrett, in das auch die Hände eingeschlossen wurden. Erwischte man einen Eunuchen beim Stehlen, so folgte die sofortige Enthauptung. Dennoch galten die Eunuchen meist als herzliche, fröhliche, leichtsinnige und alberne Menschen.

Warner berichtet: Ein Palast-Eunuch erhielt 10 Tael im Monat und seinen täglichen Reis. Darüber hinaus war er berechtigt, von sämtlichen Geldern, die durch seine Hand gingen, etwas für sich abzuzweigen; Juwelen, Jade, Pelze, Seide, Antiquitäten, Gemälde und Ziervasen wurden dem Kaiser und der Kaiserin in solchen Mengen als Geschenke oder Tribute geschickt, dass Diebstähle, auch in größerem Umfang, unbemerkt blieben. Der fünfte Teil aller Wertgegenstände ging ohnehin an die Eunuchen, die damit zu beträchtlichen Sondereinnahmen kamen. Da die Eunuchen die Erlaubnis hatten, die Verbotene Stadt zu verlassen, vorausgesetzt, dass sie bis Sonnenuntergang zurück waren, konnten sich viele von ihnen aufgrund der ansehnlichen Einkünfte aus ihrer Position eigene Häuser in Peking einrichten. Dennoch wurden sie verachtet, und die Chinesen verspotteten die kastrierten Männer. Eine verbreitete Redensart lautete: „Er stinkt wie ein Eunuch, man wittert ihn auf 500 Meter." Das bezog sich auf ein weitverbreitetes Problem, unter dem die Eunuchen litten: Inkontinenz, eine Folge der Kastration, die mit dem Alter schlimmer wurde, weshalb sie Windeln tragen mussten. Eunuchen trugen auch den Spitznamen „Krähen", da ihre Stimmen hoch und grell klangen. Nach der Kastration nannte man sie „kupierte Hunde" und verglich sie hämisch mit einer „Gießkanne ohne Ausgusstülle". Den Fremden erschienen diese geschlechtslosen Diener, diese huschenden Schatten geradezu gespenstisch.[7]

Der Haushalt, dem Yehonala nun angehörte, umfasste 6000 Menschen. Dessen einziges männliches Wesen und einziger Leitstern war der Kaiser, um den 3000 Eunuchen und 3000 Frauen kreisten. Die Kaiserin und die Kaiserinwitwen, welche isoliert lebten und nur im Audienzsaal mit Gesandten oder Mitgliedern des kaiserlichen Clans in Berührung kamen, waren unbedingt auf die Hilfe und die Informationen vertrauenswürdiger Eunuchen angewiesen. Und so waren Eunuchen die steten Gefährten und engsten Vertrauten Yehonalas seit ihrem 16. Lebensjahr; man bezeichnete sie auch als „Auge und Ohr" am Hofe. Während ihrer eigenen Regierungszeit nahmen die beiden berühmt-berüchtigten Obereunuchen An Te-hai und Li Lien-ying diese Stellung ein.

Um am täglichen Geschehen teilnehmen zu können, ließ sich Yehonala von den ihr ergebenen Eunuchen die Hofberichte und die Edikte, die der Kaiser erließ, vorlegen. So begriff sie zum ersten Mal die riesige Ausdehnung des Reiches, die Größe des chinesischen Volkes und die politischen Wirren. Sollte der Kaiser sie eines Nachts zu sich rufen, so plante sie, ihm mehr als nur eine hübsche Bettgefährtin sein.

Wer war nun dieser Mann, auf dessen Ruf die Konkubine Yehonala wartete?

Kaiser Xianfeng (1831 - 1861)

Standardportrait eines Herrschers, das erst nach seinem Tod entsteht [8]

Xianfeng, der siebte Mandschu-Kaiser Chinas, wurde 1831 als Sohn des Kaisers Daoguang und einer kaiserlichen Konkubine aus dem Niuhuru-Clan geboren. Zu früh zur Welt gekommen, war er Zeit seines Lebens von schwacher Gesundheit. Seine Mutter starb, als er neun Jahre alt war, und der Knabe wurde von einem alten Hauslehrer erzogen, der eine kluge Auffassung von der menschlichen Natur hatte und der den Jungen behutsam führte.

Wie seine Brüder und Cousins musste auch der junge Prinz an den obligatorischen Jagdausflügen des Kaiserhauses teil-

nehmen. Bei einem dieser Unternehmen stürzte er eines Tages so unglücklich, dass er sich schwer verletzte und fortan hinkte. Auf Grund dieses Gebrechens gab man ihm später den heimlichen Namen „Der hinkende Drache". Eines Frühlings, als Xianfeng 15 Jahre alt war und sich wieder einmal auf einem Jagdausflug in der Wüste bei Jehol befand, riet ihm sein Hauslehrer, kein wildes Tier zu töten. Von seinem Vater nach dem Grund gefragt, gab der Prinz zur Antwort: „Ich bringe es nicht übers Herz, dem Leben im Frühling ein Ende zu machen, wenn alle Geschöpfe eigentlich wachsen und gedeihen sollen". Dem Kaiser gefiel diese Einstellung, und er beschloss, diesen Sohn zu seinem Nachfolger zu bestimmen.

Beim Ausbruch des ersten Opiumkrieges war der Junge acht Jahre alt, und es wurde ihm schon bewusst, wie dieser Krieg seinen Vater quälte und einen gebrochenen Mann aus ihm machte, denn das Ergebnis der Friedensverhandlungen brachte das Reich an einen finanziellen Abgrund. Aufgrund dieser Ereignisse begann Xianfeng alle Fremden zu hassen und auch die Missionare zu verabscheuen.

In seiner Freizeit widmete sich der Jüngling am liebsten der Kunst; dabei malte er bemerkenswert gute Bilder von Personen, Landschaften und Pferden mit sanften Augen. Auch liebte er die Musik, insbesondere Opern. Seine Lieblingsinstrumente waren Trommel und Flöte, die er beide gut spielte, und die ihn von den Staatssorgen ablenkten. Xianfeng war 19 Jahre alt, als sein Vater, Kaiser Daoguang, im Februar 1850 starb. Den nun auf ihn zukommenden Staatsgeschäften fühlte sich der junge Kaiser nicht gewachsen. Im Innern des Landes herrschte Rebellion, die Beziehungen zu den fremden Mächten waren heikel und die

Staatskasse war leer. Da er in der Verbotenen Stadt zu sehr unter Beobachtung stand, verbrachte Xianfeng die meiste Zeit im dreißig Kilometer westlich von Peking in den Bergen gelegenen Sommerpalast.

Der Sommerpalast

Schon im Jahre 1153 wurde mit dem Bau des Parks, auch „Garten des Friedens und der Harmonie im Alter" genannt, in dem sich der Palast befand, begonnen; er diente während der heißen und stickigen Sommer als Rückzugsort aus der Verbotenen Stadt. Der riesige Garten mit seinen unzähligen Hallen, Wohnhöfen, Seen, Pavillons, Laubengängen und Pagoden entstand im Wesentlichen in den Jahren 1750/1751. Kaiser Qianlong (reg. 1736-1795) ließ in dieser herrlichen Anlage den Sommerpalast als Geschenk zum 60. Geburtstag seiner Mutter erbauen. Er beauftragte die Jesuiten Giuseppe Castiglione und Michel Benoist, eindrucksvolle Gebäude in europäischem Stil zu entwerfen. Daneben gab es Hunderte Gebäude in chinesischem, tibetischem und mongolischem Stil; Architektur aus ganz China war vertreten. Landschaftsgärten bildeten Szenerien aus dem Reich ab, darunter Reisfelder aus dem Jangtse-Tal, das für seine Pfirsichbäume und Bambuswälder bekannt war, zwischen denen sich Bäche schlängelten. Auch Bilder aus großen Gedichten waren nachgestellt. Ein Bild nach einem Gedicht des Poeten Li Bai aus dem 8. Jahrhundert zeigte einen Wasserfall, der sich in einen Teich aus behauenen Steinen ergoss, und aus der unterschiedlichen Kraft des Wassers entstand

Musik. Wenn die Sonne im richtigen Winkel strahlte, erschien über dem Wasserfall ein Regenbogen, geschwungen wie eine Brücke, die oben vom Wasserfall bis in den Teich reichte. Den Regenbogen zu betrachten und aus einem anmutigen Pavillon auf der Brücke der Wassermusik zu lauschen war ein bevorzugter Zeitvertreib am Hof. Dieser Palast der Lustbarkeiten sollte nicht mit Größe und Erhabenheit beeindrucken, nur Schönheit zählte. Kostbare Kunstwerke und Schätze aus mehr als hundert Jahren füllten jeden Winkel. An diesen Ort zog sich Kaiser Xianfeng aus unterschiedlichen Gründen gerne zurück. Marina Warner erzählt:

Dort kann er der drückenden und ermüdenden Verant-
wortung des Himmelssohns entfliehen, Bootspartien auf den
Seen machen, Bankette geben und sich in den exotischen
Hainen und Gebüschen ergehen. Hier kann er orgiastische
Vergnügungen kennenlernen, die ihm sein Serail mit den
wohlerzogenen, jungen und sittsamen Mandschu-Mädchen
nicht bieten kann. Vom ambivalenten sexuellen Verhalten der
Eunuchen inspiriert, begibt er sich heimlich mit ihnen in die
Lasterhöhlen der Äußeren Stadt, um dort die Freudenhäuser
und Opiumhöhlen mit ihren pornographischen Vergnü-
gungen, ihren Tanz- und Singmädchen und ihren Trans-
vestiten-Schauspielern aufzusuchen. Vor allem aber reizen
ihn die Chinesinnen mit ihren Lilienfüßen, die man ihm,
dem Kaiser, sonst vorenthält.[9]

Diese Vergnügungen außerhalb der Verbotenen Stadt brachten jedoch keinen Thronfolger, und die Stiefmutter des jungen Kaisers sowie Minister und Höflinge setzten ihm deswegen ununterbrochen zu und beschworen ihn, seinen offiziellen Ehefrauen und Konkubinen mehr Zuwendung zu schenken. Es dauerte zwei Jahre, bis er endlich auf Yehonala aufmerksam wurde. Die Geschichtenerzähler schildern die erste Begegnung gerne romantisch.

3. Favoritin des Kaisers
(1853-1860)

Die Auserwählte

Eines Tages erging sich der Kaiser in den Palastanlagen der Verbotenen Stadt, da vernahm er plötzlich lieblichen Gesang. Yehonala, die eine wohlklingende Stimme besaß, stand am Fenster ihres Gemaches und summte ein altes Lied vor sich hin, das sie an ihre Jugend in der Provinz erinnerte:

Mein Herr, kümmre dich nicht um deinen goldenen Mantel,
mein Herr, nutze die Zeit der Jugend.
Wenn die Blume voll erblüht ist,
sollst du sie pflücken.
Warte nicht, bis die Blüte verwelkt
und nur noch ein leerer Zweig übrig bleibt.[1]

Kaiser Xianfeng lauschte entzückt und erkundigte sich dann, wer so wunderschön gesungen habe. Bereitwillig nannten die Eunuchen den Namen und erzählten von dieser hübschen jungen Konkubine. So war es nicht verwunderlich, dass an diesem Abend auf einem Jadetäfelchen der Name „Yehonala" stand. Da der Kaiser nicht wusste, welche Konkubinen in seinem Palast lebten, war es Brauch, dass sein Obereunuch ihm jeden Abend eine Auswahl an Täfelchen brachte, auf denen die Namen von Konkubinen oder der

der Kaiserin eingraviert waren. Die Auserwählte für diese Nacht würde mit dem Kaiser das Bett teilen. Der Sohn des Himmels hatte zwei Schlafzimmer, eines mit Spiegeln rundherum, das andere mit seidenen Paravents. Seidene Vorhänge umschlossen auch die Betten. Im Innern hingen Duftsäckchen. Wenn der Kaiser ein Bett aufsuchte, wurden in beiden Schlafzimmern die Vorhänge zugezogen, damit niemand wusste, wo genau der Kaiser zu ruhen gedachte.

Sobald die Wahl getroffen war, eilte der Eunuch zum Gemach der Konkubine. Yehonala wurde entkleidet, gebadet, enthaart, parfümiert und anschließend nackt in einen roten Seidenschal gehüllt, der mit gewundenen Drachen und Phönixen bestickt war, und in das Zimmer des Kaisers getragen. Dieser Brauch entstammte der Ming-Dynastie, zu deren Zeiten die Frauen am Hofe noch eingebundene Füße hatten. Bevor man sie damals zum Kaiser brachte, wurden ihnen die Bandagen abgenommen. Da sie aber ohne diese gar nicht laufen konnten, wurden sie getragen. Ohne Kleidung konnten sie auch keine Waffe bei sich verstecken und so dem Kaiser nicht gefährlich werden. Die Etikette verlangte, dass der Eunuch Yehonala am Fußende des kaiserlichen Kang ablegte. Sie soll ihren kleinen Pekinesen als Mutmacher mitgenommen haben.

Der Kaiser fand Gefallen an der neuen Konkubine, und da seine Lieblingskonkubine Li Fei zu diesem Zeitpunkt von ihm schwanger war und er sich ihr deshalb nicht nähern durfte, verlangte er immer öfter nach Yehonala. Bald wurde auch die neue Favoritin schwanger, und sie war überglücklich.

Die Geburt des Sohnes Zaichun 1856

Mit der Schwangerschaft konnte Yehonala sich nun sicher in der kaiserlichen Hofhaltung angenommen fühlen. Ab sofort wurde sie als vollwertiges Mitglied der Familie des Kaisers anerkannt und war nicht länger nur ein Spielzeug. Wenn sie einem gesunden Kind das Leben schenken würde, selbst wenn es nur ein Mädchen wäre, brauchte sie sich für den Rest ihres Lebens keine Sorgen mehr zu machen. Wäre es ein Junge, so würde er ein Prinz sein und sie als seine Mutter würde deshalb eine wichtige politische Rolle spielen. Da Yehonala nun schwanger war, durfte sie das Bett nicht mehr mit Kaiser Xianfeng teilen, und dieser wandte sich wieder seiner Lieblingskonkubine Li Fei zu, die sich von der Geburt ihrer Tochter, der Prinzessin Jung An, erholt hatte. Am 27. April 1856 erblickte Yehonalas Sohn Zaichun als erster männlicher Nachkomme des Kaisers das Licht der Welt. Er wurde im Sommerpalast vor den Toren Pekings geboren, auf der Phönix-Insel im Kunming-See, der traditionellen Stätte für kaiserliche Geburten.

Im gleichen Jahr starb Xianfengs Mutter, die Kaiserinwitwe, und dadurch änderte sich die Rangordnung der Frauen am Hof. Xianfengs Kaiserin Niuhuru wurde nun das Oberhaupt der kaiserlichen Hofhaltung. Zwar war sie zwei Jahre jünger als Yehonala und hatte dem Kaiser kein Kind geboren, doch als Kaiserin galt sie als die rechtliche oder offizielle Mutter des gesetzlichen Erben. Yehonala fungierte nur als Ersatzmutter und hatte bei der Erziehung des eigenen Kindes wenig mitzureden. Gestillt wurde der Knabe von Ammen, und die Palasteunuchen kümmerten sich Tag und Nacht um ihn. Der Kontakt der leiblichen Mutter mit ihrem Sohn beschränkte sich auf zeremonielle Handlungen zu glückverheißenden Anlässen, die von den Hofastrologen bestimmt wurden. Die Erziehung eines potentiellen Kaisers war zu wichtig, als dass man sie einer unerfahrenen Frau überlassen konnte.

Für den ersten Monatsgeburtstag hatte Kaiser Xianfeng Feierlichkeiten im ganzen Reich angeordnet. In der Verbotenen Stadt sollte der Tag ganz der Festesfreude und den musikalischen Veranstaltungen gewidmet sein. Der Kaiser ließ den Eunuchen AnTe-hai bei Yehonala anfragen, was ihr wohl an diesem verheißungsvollen Tag am meisten Freude machen würde, und sie wünschte sich ein Theaterstück. Aber zuerst mussten die Geschenke empfangen und dargeboten werden. Für diese Zeremonie hatte der Kaiser den Thronsaal, den Palast des Strahlenden Glanzes, gewählt. Hier warteten seit der Morgendämmerung Abgesandte aus allen Teilen des Landes. Ihre Geschenke wurden auf silbernen Tabletts von Eunuchen hereingetragen und Prinz Kung, der Bruder des Kaisers, las von einer Liste Art und Herkunft der Gaben ab. Hinter dem Thron stand eine große, kunstvoll mit fünfkralligen Drachen ausgeschnitzte Platte aus wohlriechendem Holz und dahinter saßen Yehonala, die Kaiserin und die Hofdamen. Als alle Geschenke überreicht waren, rief der Kaiser Yehonala zu sich. Der Obereunuch führte sie vor den Drachenthron. Dort stand sie einen Augenblick still, ließ sich dann langsam auf die Knie sinken, legte die Hände, eine über die andere, auf die Fliesen des Boden und berührte dann mit der Stirn die gekreuzten Hände. Als sie so in Ergebung kniete, soll der Kaiser diese Worte gesprochen haben:

„Ich bestimme heute, dass die Mutter des kaiserlichen
Erben, die hier vor dem Thron kniet, in den Rang einer
Gemahlin erhoben und in jeder Weise der jetzigen Gemahlin
gleichgestellt wird. Damit keine Verwirrung entsteht, soll
die jetzige Gemahlin den Namen **„Tsu An"**, *„Kaiserin des*
Östlichen Palastes", führen und die Glückliche Mutter **„Tsu**
Hsi", *„Kaiserin des Westlichen Palastes", genannt werden.*
Das ist mein Wille. Er soll im ganzen Reich verkündet werden,
damit er allen Untertanen bekannt wird!"[2]

Geburtstagsfeier

Zum ersten Geburtstag des Prinzen fand eine weitere wichtige Zeremonie statt – *„Zhuazhou"* – eine Art Zukunftsdeutung. Zu
diesem Anlass wurden wichtige Mitglieder der kaiserlichen Familie
und des Hofstaates in die „Halle der Barmherzigkeit" eingeladen.
Dort hatten Eunuchen in der Mitte des Raums einen großen
viereckigen Tisch aufgebaut, auf dem folgende symbolträchtige
Gegenstände lagen:

ein kaiserliches Siegel, ein Buch mit Sprüchen von
Konfuzius, ein Pinsel mit Ziegenhaar, ein Goldbarren, ein
Silberbarren, ein Rätselspiel, ein kleines verziertes Schwert,
ein Likörfläschchen, ein Elfenbeinwürfel, eine silberne
Zigarettendose, eine Spieluhr, eine lederne Peitsche, eine
bemalte blaue Keramikschüssel, ein antiker Fächer, mit einem
berühmten Gedicht verziert, eine Haarnadel aus grüner Jade,
ein Ohrring in Form einer Pagode und eine Pfingstrose.[3]

Der Kaiser und die Kaiserin saßen in der Mitte der Anwesenden; es wurde gebetet und Weihrauch erfüllte die Luft. Dann brachten Eunuchen den in goldene Gewänder gekleideten Zaichun herein und setzten ihn auf dem Tisch ab. Nach Kinderart krabbelte er herum und kümmerte sich nicht um die Anwesenden, die gespannt auf seine Reaktionen warteten.

Was wird geschehen? --- Wenn er das kaiserliche Siegel nimmt, wird er ein Herrscher, mit allen himmlischen Tugenden ausgestattet; ergreift er den Pinsel, das Gold, das Silber oder das Schwert, wird er mit Intelligenz und starkem Willen regieren; aber wenn er den Ohrring, die Haarspange oder die Blume aussucht, wird er ein Lebemann werden; sollte er das Likörfläschchen wählen, wird er dem Alkohol verfallen; greift er nach dem Würfel, so wird er die Dynastie verspielen.

Es war totenstill im Raum, keiner wagte sich zu rühren, denn das Schicksal des Kaiserreichs stand auf dem Spiel. Zaichun schaute jeden Gegenstand aufmerksam an, rührte sich aber nicht. Sein Blick schien auf der Blume zu ruhen, würde er danach greifen? Da erhob sich Cixi und ging zum Tisch; sie suchte den Blick des Knaben und deutete mit ihren Augen auf das kaiserliche Siegel. Zaichun hob sein Händchen und ergriff das Symbol kaiserlicher Macht. [4]

Alle sprangen auf und jubelten. Keiner ahnte, dass die Mutter tagelang heimlich mit dem Kleinen geübt hatte.

Als Zaichun heranwuchs, wurde sein Vater immer schwächer und konnte kaum noch seinen Pflichten nachkommen. Mehr und mehr verließ sich der Kaiser nun bei privaten Treffen auf die Hilfe und den Rat von Cixi, der leiblichen Mutter seines Sohnes. Diese versuchte so gut wie möglich die Intrigen bei Hof zu durchschauen und die politische Lage zu verstehen. Sobald sie Zutritt zu Staatsdokumenten hatte, machte sie es sich zur Gewohnheit, sämtliche Berichte aus den Provinzen zu lesen und zu allen wichtigen Fragen Stellung zu nehmen. Das war schwierig, denn sie erhielt ihre Informationen nur durch die Hofeunuchen, die oft ungebildet und bestechlich waren. So mancher politischer Fehler, den sie später machte, erklärte sich daraus, dass sie keine Möglichkeit hatte, die Dinge richtig zu beurteilen. Ihre Forderung nach unnachgiebigem Widerstand gegen die „Fremden Teufel" entbehrte jeder wirklichen Kenntnis der Mächte, mit denen sie es zu tun hatte.

Während Kaiser Xianfengs Unpässlichkeit übernahm Su Shun, einflussreichster Ratgeber der kaiserlichen Sippe, sämtliche Staatsangelegenheiten und leitete die Audienzen. Er genoss das totale Vertrauen des schwachen Kaisers und wurde von jedermann gefürchtet. Cixi wusste, dass Su Shun danach strebte, die Macht zu übernehmen. Sie sorgte sich um die Zukunft ihres Sohnes und entschloss sich, Vorsorge zu treffen. So verbündete sie sich mit der Kaiserin.

4. Der zweite Opiumkrieg (1856-1860)

Fremde Teufel stellen Forderungen

Das Leben des kaiserlichen Hofes wurde von dem zweiten Opiumkrieg überschattet. Nach einem Jahrzehnt der Ruhe im Anschluss an den Vertrag von Nanjing begann England im Jahre 1854 Xianfeng mit neuen Forderungen zu bedrängen. Man verlangte: eine Erweiterung der bisherigen Handelsrechte, eine Revision der bestehenden Zölle, die Einrichtung einer britischen Gesandtschaft in Peking, die Öffnung des im Norden gelegenen Hafens Tientsin für den Außenhandel, das Recht für Ausländer, im Innern Chinas Grund und Boden zu erwerben, und die uneingeschränkte Legalisierung des Opiumhandels. Nachdem sich die Regierungen der Franzosen, Russen und Amerikaner diesen Forderungen angeschlossen hatten, wurde China diesbezüglich ein Ultimatum gestellt.

Kaiser Xianfeng, schon überfordert mit den Aufständen der Taiping, fühlte sich den Verhandlungen nicht gewachsen und übergab alle Auslandsangelegenheiten dem chinesischen Militärgouverneur in Kanton, einem Mann namens **Yeh,** der die Forderungen ignorierte und versuchte, den Kontakt mit den westlichen Mächten zu vermeiden. Die Engländer wollten aber, dass China zu Kreuze kriechen würde. Ein verrosteter alter Lastkahn diente schließlich als Vorwand, Kaiser Xianfeng in einen Krieg zu verwickeln.

Die Arrow

Die „Arrow" ist ein Schiff mit portugiesischem Rumpf und den Aufbauten und Segeln einer chinesischen Dschunke. Sie gehört einem chinesischen Schmugglerboss mit Sitz im britisch verwalteten Hongkong. Um den Handel in der Kronkolonie anzukurbeln, vergeben die Engländer wahllos Lizenzen an chinesische Schiffe, so dass Schmuggler und Piraten ungestört unter britischer Flagge ihr Unwesen treiben können. Diese Boote – im Chinesischen als „kriechende Drachen" bekannt – betreiben einen schwunghaften Opiumhandel, während sie den Union Jack im Topp führen, und sind für die chinesische Regierung eine große Plage. Um zu verhindern, dass sie von chinesischen Küstenpatrouillen aufgebracht wird, hat man die „Arrow" am 27. September 1855 in Hongkong in das britische Kolonialregister eintragen lassen, doch diese Lizenz läuft ein Jahr später, am 27. September 1856 ab. Die Eigner versäumen, die Registrierung erneuern zu lassen. Die Mannschaft der „Arrow" besteht aus Chinesen, doch man hat einen schnapsseligen irischen Skipper angeheuert, um dem Schiff ein echtes ausländisches Erscheinungsbild zu geben.

Am 8. Oktober 1856 kommen vier chinesische Offiziere und Marinesoldaten an Bord, um nach einem berüchtigten Piraten zu suchen, den man am selben Morgen dort gesehen hat. Der Skipper ist zu diesem Zeitpunkt nicht an Bord, und auch der gesuchte Pirat befindet sich nicht mehr hier. Dennoch wird die gesamte chinesische Mannschaft verhaftet. Die Engländer sind in dem Glauben, dass das Schiff noch lizensiert ist und

sehen das Geschehen als eine Beleidigung des Britischen
Empire an. Sie verlangen, dass der chinesische Kommissar
Yeh sich für das Vorgefallene entschuldigt und zusichert, dass
die britische Flagge zukünftig respektiert wird. Zwei Wochen
später lässt Yeh alle Inhaftierten frei, weigert sich jedoch,
sich zu entschuldigen.

Der Fall wird der Royal Navy übergeben, und unter dem
Befehl von Admiral Seymour beschießen Kanonenboote sechs
Tage lang Kanton. Aus einem Gefühl brüderlicher Treue
beteiligen sich auch amerikanische Schiffe an dem Beschuss.
Die Chinesen schießen auf die amerikanischen Schiffe
zurück, wobei ein Mann getötet wird. Darauf beschließt der
amerikanische Kommandeur Armstrong, den Chinesen eine
Lektion zu erteilen, und lässt die Forts, die Kanton bewachen,
stürmen und mit 50 Pfund schweren Pulverfässern in die Luft
sprengen.[1]

In London wurde dieses Geschehen im Parlament verhandelt, und man schickte Lord Elgin zu einer Strafexpedition nach China. Frankreich, unter der Führung von Baron Gros, schloss sich den Engländern an, mit der Begründung, dass ein Missionar, der im Innern Chinas arbeitete, ermordet worden sei. Den Chinesen wurde folgende Forderung überbracht:

Entschädigung für die durch die Beschießung Kantons
verursachten Verletzungen britischer Staatsbürger sowie für
sämtliche britische Kriegskosten während dieser Zeit;
das Recht regelmäßiger Besuche eines britischen Gesandten
am Hof in Peking;

die Ausdehnung der Handelsrechte auf Tientsin im Norden und auf die Städte entlang des Jangtse und anderer großer Flüsse im chinesischen Hinterland.[2]

Der Vertrag von Tientsin

Die Streitmacht der Alliierten segelte nach Norden, um mit dem Kaiser selbst zu verhandeln. Im Jahre **1858** wurde schließlich ein zweiter ungleicher Vertrag, der **Vertrag von Tientsin,** von den chinesischen Unterhändlern zähneknirschend unterzeichnet. Er beinhaltete Folgendes:

England erhält das Recht auf eine Residenz in der Hauptstadt. Dem britischen Botschafter wird eine Audienz beim Kaiser ohne Kotau[3] zugestanden. Ein Ausländer darf niemals wieder in offiziellen Dokumenten als Barbar bezeichnet werden.

China öffnet dem Außenhandel zehn Flusshäfen, erlaubt Ausländern Reisen ins Innere des Landes, garantiert protestantischen und katholischen Missionaren gleichermaßen die ungehinderte Betätigung in China, beschränkt die Importzölle auf zweieinhalb Prozent und verspricht die Zahlung von 6 Millionen Silbertaels (rund 230 Tonnen Silber) als Reparationen an England und Frankreich. Von nun an wird den Westeuropäern gestattet, Opium nach China einzuführen und hier zu verkaufen.[4]

Gezwungenermaßen stimmte Kaiser Xianfeng dem Vertrag zu. Als er im Juni 1859 unterzeichnet werden sollte, erschienen die Alliierten mit Tausenden von Soldaten und mehreren

Kanonenbooten. Die ausländischen Gesandten wurden vom chinesischen Hof gebeten, mit den Kriegsschiffen außerhalb der Sperrkette zu ankern und mit kleinem Gefolge über Land nach der Hauptstadt zu kommen. Immer wieder versuchte der Hof, nach altbekannter Manier, die Verhandlungen in die Länge zu ziehen. Eines Tages begaben sich schließlich dreiundachtzig Angehörige der verbündeten Armeen in das chinesische Hauptquartier, um die Friedensbedingungen zu besprechen, nachdem man ihnen freies Geleit zugesichert hatte. Aber diese Unterhändler wurden gefangen genommen, gefesselt und in größter Hast auf Karren zum Sommerpalast in der Nähe Pekings geschafft, wo man sie derart misshandelte, dass zwanzig von ihnen starben. Als die verbündeten Befehlshaber von dieser Untat Nachricht erhielten, nahmen sie den Marsch auf Peking auf, drangen vor bis zum Sommerpalast, den sie in ihrer Empörung plünderten und zerstörten.

Die Plünderung und Zerstörung des Sommerpalastes

Die französische Armee erreichte den Palast als erste. Am frühen Morgen des 6. Oktober 1859 waren die Franzosen überwältigt vom Anblick, der sich ihnen bot. General Montauban, Befehlshaber der Franzosen, soll ausgerufen haben:

„Nichts bei uns in Europa kann eine Vorstellung von solchem Luxus geben, und es ist mir unmöglich, seinen Glanz in diesen kurzen Worten zu beschreiben, beeindruckt wie ich bin ob des Anblicks dieser Wunder."

Und Graf d'Hérisson, der Sekretär, berichtete von den Privaträumen des Kaisers:

„Die Wände, die Decken, die Toilettentische, die Stühle, die Fußschemel, alles ist aus Gold und mit Edelsteinen besetzt. Reihen von kleinen Göttern aus massivem Gold sind so wunderbar gearbeitet, dass ihr künstlerischer Wert den Materialwert weit übersteigt. In einem Zimmer neben dem Thronsaal waren alle Artikel des täglichen Gebrauchs für den Kaiser versammelt... sein Teegeschirr, seine Tassen; seine Pfeifen, die Köpfe aus Gold oder Silber, ihre Schläuche reich mit Korallen, Jade, Rubinen, Saphiren und kleinen Troddeln aus vielfarbiger Seide verziert; seine bei besonderen Anlässen verwendeten Perlenkränze mit Perlen so groß wie Haselnüsse... Unwillkürlich senkten wir die Stimme und begannen auf Zehenspitzen zu gehen.[5]

General Montauban gab den Befehl, dass niemand den Palast betreten dürfe, aber die Versuchung war übermächtig und seine Soldaten drängten einfach hinein und fielen hemmungslos über ihre Beute her. Der Engländer Lord Elgin erreichte mit seinen Soldaten den Sommerpalast drei Tage später und ließ das riesige Schatzhaus in Brand setzen. Das Feuer, das schließlich von über zweihundert opulenten und exquisiten Palästen, Pavillons, Tempeln, Pagoden und Landschaftsgärten genährt wurde, wütete mehrere Tage und hüllte die westlichen Teile von Peking in schwarzen Ascherauch. Unter die Asche des prächtigen Sommerpalastes mischte sich bei den Chinesen die Saat des Hasses. Klaus von Gaza beschreibt in „Der Sohn des Mandarin" die Verwüstungen:

Drei Tage lang haben die Franzosen geplündert, drei Tage lang verweigerten die Soldaten ihren Offizieren den Gehorsam und liefen von Gier besessen durch die Gemächer, rafften und stahlen, was ihnen in die Hände fiel. Uniformen tauschten sie gegen die kostbaren Gewänder aus der Kleiderkammer. Durch immer weitere Funde angestachelt, ließen sie ihre schon gesammelte Beute einfach liegen und beluden sich mit neuen Kostbarkeiten. Da gab es Halsbänder mit rosa und weißen Perlen, die aneinandergereiht ein Schiff mehrmals umspannen könnten, kleine goldene Uhren, Ohrgehänge und Diademe mit glitzernden Smaragden und Rubinen sowie dutzendweise zierliche geschnitzte Jadefiguren in den Farben Grün bis Weiß, von Gelb zu Rot über Braun und sogar in Schwarz. Sie entdeckten unzählige Goldbarren, nur die riesigen Löwen vor dem Eingang reizten sie nicht, dabei waren diese Statuen aus purem Gold. Auch die Engländer, welche später ihren Raubzug durchführten, entdeckten diese Schätze nicht, da die Löwen mit einer Bronzefarbe übermalt waren.

Doch das schönste Stück aller Kostbarkeiten fiel der Zerstörungswut zum Opfer. Es war eine plastische Darstellung des Palastes und seiner Umgebung, ein Kunstwerk, das über mehrere Generationen entstanden war. Etwa fünf Meter lang und fast ebenso breit bestand es nur aus Gold, Silber und Edelsteinen. Die Stämme der Bäume waren aus Silber, die Blätter und Blüten aus Smaragden, Rubinen und Brillanten, und die fünf Zentimeter dicke Grundfläche war aus massivem

Gold geformt. Dieses kostbare Gebilde wurde mit Spaten und Beilen zerhackt und später stückweise in Shanghai verkauft.[6]

Nach der Plünderung des Sommerpalastes gelangten auch Geschenke zu Königin Viktoria nach England. Sie erhielt unter anderem einen kleinen niedlichen Hund, einen Pekinesen. Dieser gehörte einer älteren kaiserlichen Konkubine, die nicht mit dem Hof geflohen war. Als die Alliierten anrückten, starb sie vor lauter Angst, bevor sie ihre Hunde in Sicherheit bringen konnte. Die fünf Pekinesen fielen den Soldaten in die Hände und wurden nach England gebracht. Dort gaben sie den Grundstock für die erste Pekinesenzucht außerhalb von China ab. Der Hund, den Viktoria erhielt, wurde ihr von Captain Hart Dunne vom Wiltshire-Regiment verehrt. Er hatte den Pekinesen sinnigerweise „Lootie" („Kleine Beute") getauft. Seiner Gabe legte er ein Begleitschreiben bei, auf dessen Umschlag *LOOTIE AUS CHINA* geschrieben war und dessen Inhalt lautete:

Es ist eine sehr zutrauliche und kluge kleine Kreatur – er ist daran gewöhnt, verhätschelt zu werden, und mit der Hoffnung, dass Ihre Majestät und die Königliche Familie ihn weiter so behandeln werden, habe ich ihn aus China mitgebracht.

Der kleine Hund sorgte für Aufregung in Windsor. Die Haushälterin Mrs. Henderson klagte:

„Er ist sehr anspruchsvoll, was sein Futter angeht, und nimmt im Allgemeinen kein Brot und keine Milch, aber durchaus gekochten Reis mit ein wenig Huhn und Bratensaft."

Königin Victoria ließ Lootie in Windsor von dem deutschen Künstler Friedrich Keyl malen. Lootie lebte noch zehn Jahre im Hundezwinger von Windsor.[7]

[8]

Flucht nach Jehol

Im Kaiserpalast wurde Xianfeng von Su Shun, seinem Ratgeber, bedrängt, sich aus der Gefahrenzone zu begeben und nach Jehol, dem Jagdschloss in den Bergen hinter der Großen Mauer, zu reisen. Cixi dagegen bestand darauf, in der Verbotenen Stadt zu verbleiben, denn nur hier war sie dem Herrscher nah und konnte Einfluss auf ihn nehmen, während man sie in Jehol in die Frauengemächer verbannen würde. Nach langem Schwanken und im allerletzten Augenblick beschloss der Kaiser, sein Heil in der Flucht zu suchen. Mit größter Hast und in Unordnung verließ der gesamte Hofstaat die Stadt, und nur Prinz Kung blieb zurück, um die Verhandlungen mit den „Fremden Teufeln" zu führen.

5. Eine junge Kaiserinwitwe
(1861-1873)

Das Komplott

Doch bald lag der Kaiser in dem kalten Jagdschloss Jehol todkrank darnieder, und kein Mensch wusste, wie lange er noch zu leben hatte. Intrigen wurden gesponnen. Su Shun und seine Mitstreiter, die Prinzen Tsai Yuan und Tuan Hua, versuchten, die oberste Gewalt an sich zu reißen. Sie verfassten einen kaiserlichen Erlass, der ihnen die Regentschaft übertragen sollte, und wollten diesen von Xianfeng auf dem Totenbett besiegeln lassen. Mit diesem Schriftstück sollte den Brüdern des Kaisers und seinen beiden Kaiserinnen jeder Einfluss auf die Staatsgeschäfte entzogen werden. Cixi wurde jedoch von Li Lien-ying über die Pläne informiert und handelte, ihrem Charakter entsprechend, umgehend. Sie sandte eine geheime Botschaft an Prinz Kung, unterrichtete ihn von den Vorgängen in Jehol und bat ihn um die Entsendung von Mandschu-Truppen ihres Stammes. Dank ihres treuen Eunuchen An Te-hai konnte der Brief abgeschickt werden, unterzeichnet von beiden Kaiserinnen. Eine Legende erzählt, wie die beiden Frauen sich verständigten, ohne den Verdacht der Prinzen zu erregen, da eine chinesische Herrscherin niemals allein, sondern stets von Hofdamen und Eunuchen umgeben war.

Eines Nachmittags nun gehen die beiden Kaiserinnen miteinander im Park spazieren, begleitet von ihrem Gefolge

*und überwacht von den Spähern, die jede Bewegung verfolgen und jedes gesprochene Wort zu belauschen haben.
Die Gruppe schreitet über einen schmalen Pfad, auf dem nur
zwei Menschen nebeneinander gehen können, und gelangt
zu einem Goldfischbassin. Als man nun so weit gekommen
ist, bleiben die beiden Kaiserinnen stehen und beugen sich
ein oder zwei Minuten lang lässig über das Becken, um die
Fische zu beobachten, Zeit genug ein gemeinsames Vorgehen
zu planen.*[1]

Die Vorbereitungen auf kommende Geschehnisse begannen
keinen Augenblick zu früh.

Tod des Kaisers Xianfeng

Am 22. August 1861 ging das traurige Leben des Kaisers
Xianfeng zu Ende. Man sagte *„Der Herr der Zehntausend Jahre
besteigt den Feenwagen und kehrt zu den neun Quellen zurück."*[2]

Und so sollte es sich zugetragen haben:

*Als das Leben des Kaisers zu Ende geht, verbreiten die
schnellfüßigen Eunuchen die Nachricht in Windeseile. Es
wird gemunkelt, der Kaiser habe in letzter Sekunde einen
Regentschaftsrat zur Nachfolge bestimmt. Su Shun will
Gewissheit haben und gibt Anweisung, das versiegelte
Kästchen zu öffnen, in dem sich herkömmlicherweise der
Name des Nachfolgers befindet. Das Kästchen ist leer.*

*Auch Yehonala (Cixi) wird sogleich über den Zustand des
Kranken informiert und weiß, sie muss umgehend handeln.*

Eiligst sucht sie ihren Sohn bei den Ammen und eilt mit ihm zum Sterbezimmer. In der Vergangenheit ist sie von den Wachen immer abgehalten worden mit der Begründung, der Kaiser sei zu krank. Jetzt handeln die Männer instinktiv und erlauben der Mutter des Thronfolgers den Eintritt. Yehonala legt den Knaben auf das Bett und ruft: „Wer soll der Nachfolger auf dem Thron werden? Hier ist euer Sohn". Xianfengs Augen öffnen sich für einen Moment. Er schaut das Kind an und sagt mit schwacher Stimme: „Selbstverständlich wird er auf den Thron folgen!"[3]

Diese letzten Worte im Beisein vieler Zeugen legten die Thronfolge fest. Der Kaiser bestimmte aber auch, dass die acht Prinzen und Minister, welche ihn beraten hatten, in Zukunft weiterhin die Regierungsgeschäfte führen sollten. Sie baten den todkranken Herrscher, seinen Willen eigenhändig mit roter Tinte niederzuschreiben, damit es keinen Zweifel an der Rechtmäßigkeit gäbe, aber er war zu schwach, den Pinsel zu halten. Nun glaubte sich Su Shun, der Anführer der Verschwörer, schon am Ziel, da er jedoch die kluge Cixi fürchtete, plante er, die beiden Kaiserinwitwen auf dem Rückweg zur Hauptstadt ermorden zu lassen.

Zaichun wird Kaiser Tongzhi

Cixi war sich der Gefahr bewusst und ergriff Maßnahmen. Sie wusste, dass das letzte Dekret ohne Unterschrift und kaiserliches Siegel nicht gültig war. Während im Kaiserpalast der Hauptstadt sämtliche Siegel von Eunuchen streng bewacht wurden, ging es

in Jehol etwas freizügiger zu. Deshalb wagte die Kaiserinwitwe einen tollkühnen Versuch. Sie beauftragte ihren Vertrauten, den 16jährigen An Te-hai, das *„Siegel der rechtmäßig übertragenen Ermächtigung"* für sie zu stehlen. Es gelang ihm, und damit war Cixis Weg zur Macht geebnet. Nun lag es in ihrer Hand, im Namen des jungen Kaisers allen Dekreten Glaubwürdigkeit zu verleihen.

Zwei Monate nach dem Tod von Kaiser Xianfeng brach am 5. Oktober 1861, einem vorherbestimmten glücksverheißenden Tag, die große Prozession mit dem Sarg vom Jagdhaus aus in Richtung Peking auf. Entlang der Strecke hatte man Brücken repariert, Straßen planiert, verbreitert und mit gelber Erde bedeckt, so wie es für alle kaiserlichen Straßen verlangt wurde. Die Hälfte der Regenten reiste mit dem Sarg, die andere Hälfte begleitete den kindlichen Kaiser, der, streng nach den Regeln des Hofes, mit der offiziellen Kaiserin in einer Sänfte saß, die als Zeichen der Trauer mit schwarzen Vorhängen verhüllt war. Cixi folgte in einer weiteren Sänfte mit ebenfalls schwarzen Vorhängen. Sie hatte dafür gesorgt, dass Jung Lu, ihr vertrauter Bannermann, mit seinen Soldaten die Reisenden schützend begleitete. So erreichten sie innerhalb von sechs Tagen sicher die Stadt, vier Tage schneller als die Prozession mit dem Sarg. Cixi ließ umgehend Prinz Kung kommen und legte ihm, mit dem kaiserlichen Siegel versehen, einen Erlass vor. In diesem wurden Su Shun und seine Verbündeten des Putschversuchs beschuldigt und die beiden Kaiserinwitwen zu Mit-Regentinnen des Kind-Königs ernannt.

Nach Rückkehr in der Hauptstadt wurde den Verschwörern der Prozess gemacht. Den Prinzen erlaubte man Selbstmord zu begehen, während Cixis Erzfeind Su Shun zum öffentlichen Exekutionsplatz geführt und dort enthauptet wurde. Man zog sein immenses Vermögen ein, und die beiden Kaiserinnen wurden über Nacht zu sehr reichen Frauen.

Hinter dem gelben Vorhang

Es begann eine neue Regentschaft, die den Namen trug:

„Hinter den Vorhängen den Berichten über Regierungsgeschäfte lauschen"

Der fünfjährige Zaichun erhielt den Titel **Kaiser Tongzhi** und saß nun auf dem Thron. Während der Audienzen saßen seine beiden Mütter hinter ihm, durch kaiserlich-gelbe Vorhänge verdeckt, was symbolisieren sollte, dass sie nicht selbst regierten, sondern anstelle des Kaisers die Aufsicht führten. Alle Erlasse wurden nun feierlich im Namen des unmündigen Kaisers geschrieben, als ob er selbst sie verfasst hätte. Cixi trug den ihr von Xianfeng verliehenen Ehrentitel „Mütterliche und Glückverheißende" und ihre Mit-Kaiserin wurde „Mütterliche und Friedliche" genannt. Dies war der erste Titel von 16, die Cixi während ihres Lebens ansammelte, und ein jeder war für sie 10.000 Tael jährlich wert (zu diesem Zeitpunkt zwischen 3000 und 4000 englische Pfund). Weitere Titel lauteten: die Mütterliche, Glücksverheißende, Orthodoxe, vom Himmel Gesegnete, Erfolgreiche, alles Hegende, leuchtend Manifestierte, Ruhige, Gelassene, Perfekte, Langlebige,

Ehrwürdige, Hochwürdige, Verehrte, Erhabene und Hochstehende. Den letzten Titel verlieh sie sich selber, als sie Pu Yi im Jahre 1908 zum neuen Kaiser bestimmte. Er lautete: „Große Kaiserin Mutter"[4]

Beide Kaiserinnen protestierten, wie es sich gehörte, vereint gegen ihre Ernennung zu Regentinnen:

„Die Annahme der Regentschaft ist ganz im Gegensatz zu unseren Wünschen, aber wir haben uns dem drängenden Ersuchen unserer Prinzen und Minister gefügt ... Sobald der Kaiser seine Erziehung abgeschlossen hat, werden wir nicht weiter an der Regierung teilnehmen. "[5]

Für Cixis Sohn Tongzhi begann nun im Alter von fünf Jahren die strenge Ausbildung, mit der die Kaiser und Prinzen der Qing-Dynastie auf ihre Rolle vorbereitet wurden. Er musste die Gemächer seiner offiziellen Mutter, der „Mütterlichen und Friedlichen", verlassen und lebte nun in einer eigenen Wohnung. An den meisten Tagen begann sein Unterricht um fünf Uhr morgens in seinem Studierzimmer. Den Mittelpunkt des Unterrichts bildeten die konfuzianischen Klassiker, die er auswendig lernen musste und die er rezitierte, ohne sie zu verstehen. Seine Lehrer genossen den allerbesten Ruf an Gelehrsamkeit und Moral, aber sie konnten das Kind nicht begeistern.

6. Kaiser Tongzhi wird erwachsen
(1869-1875)

Tongzhi entwickelte sich zu einem kränklichen, vergnügungssüchtigen jungen Mann, dessen Lieblingsbeschäftigung darin bestand, des Nachts inkognito auszugehen und sich im Bordellviertel der Stadt zu amüsieren. Damit die Torhüter nichts bemerkten, veranlasste er, dass durch die Außenmauer der Verbotenen Stadt eine kleine Öffnung gebrochen wurde, durch die er unbemerkt hinaus und hinein konnte. Draußen erwartete ihn meist ein Eunuch namens Chou mit einem geschlossenen Wagen, vor den ein schnellfüßiges Maultier gespannt war, das ihn in die „Weidenwege" und „Blumenstraßen" zu Bordellen und Opiumhöhlen brachte, wo er sich mit Prostituierten, Transvestiten und Tänzern amüsierte. Der Eunuch sollte auch dafür sorgen, dass sein Herr wenigstens bei Morgengrauen, das heißt rechtzeitig zu den Audienzen, wieder im Palast war. Mehr als einmal geschah es aber, dass der Staatsrat in den Nebenpavillons lange warten musste. So sickerte das Geheimnis durch, und kluge Männer schüttelten nur den Kopf, denn ändern konnten sie nichts. [1]

Auch die Kaiserinwitwe und Mutter hatte kaum noch Einfluss auf ihren Sohn, sie erfuhr von seinen Taten nur durch ihre Eunuchen. Da war an erster Stelle An Te-hai, der in ihrem Leben eine wichtige Rolle spielte, zumal er für sie das Siegel besorgt hatte.

An Te-hai

Der junge Eunuch war, wie schon erwähnt, besonderer Günstling und Vertrauter der Kaiserinwitwe. Er wurde seiner besonderen Kleinheit wegen allgemein nur „der Kleine An" genannt. Der Kleine An war acht Jahre jünger als Cixi und stammte aus Wanping, einer Gegend in der Nähe von Peking, aus der traditionell Eunuchen an den Hof kamen. Seine Geschichte ist typisch: Die Armut seiner Eltern veranlasste diese, ihren Sohn kastrieren zu lassen in der Hoffnung, dass er am Hof seinen Lebensunterhalt besser verdienen könne. Vor den Toren der Kaiserstadt hatten die Chirurgen ihr Quartier aufgeschlagen. Ihr Amt war vererbbar und sehr einträglich. Zwar war die Operation selbst billig, aber sie machten das Geschäft mit dem Verkauf der Geschlechtsteile, die sie den Bewusstlosen stahlen und dann wieder teuer an sie verkauften, denn für Eunuchen waren die Geschlechtsteile aus zweierlei Gründen lebensnotwendig: Erstens mussten sie diese bei der jährlichen Inspektion im Palast vorweisen und zweitens konnte ihr Körper nur traditionell bestattet werden, wenn er vollständig war.

Auch An Te-hais Vater erhoffte sich von einem Sohn, der Eunuch im Kaiserpalast war, Vorteile. Der Knabe wurde zu einem speziellen Kastrateur gebracht, der im Auftrag des Hofes operierte. Zuerst musste ein Vertrag abgeschlossen werden, der den Kastrateur jeder Verantwortung enthob, falls das Kind stürbe oder die Operation missglückte. Nachdem die Operation überstanden war, fiel dem

Kleinen An das Leben im Harem nicht schwer. Gutaussehend, feinfühlig und freundlich wurde er bald unersetzlich für Cixi. Er genoss das absolute Vertrauen der Kaiserinwitwe und diente ihr sogar als Verbindungsmann zu Jung Lu, dem Mann, dem sie seit Kindertagen verbunden war und der ihr mit seinen Bannerleuten immer zu Hilfe kommen würde.

Gleich vielen Emporkömmlingen brachte es der kleine Eunuch aber nicht zuwege, Versuchungen zu widerstehen und die Gefahren eines einmaligen Glückes zu vermeiden. Da er sich der Gunst der Herrscherin des Westlichen Palastes sicher fühlte, hielt er es nicht für notwendig, sich auch um die Gunst der Kaiserin des Östlichen Palastes zu bemühen. Niuhuru hatte keinen politischen Ehrgeiz, aber sie ärgerte sich über die Nachlässigkeit, die der Eunuch in der Ausführung ihrer Befehle an den Tag legte und über seine schlecht verhohlene Missachtung. Dennoch wäre diese Feindschaft ohne Folgen geblieben, hätte sich der eingebildete Obereunuch nicht auch Prinz Kung zum Gegner gemacht. Es hieß, dass dem Prinzen einmal eine Audienz mit der Kaiserinwitwe untersagt wurde, weil diese mit An Te-hai plauderte. Xianfengs Bruder war nicht der Mann, eine solche Beleidigung zu vergessen oder ungesühnt zu lassen.

Um den Tod An Te-hais rankten sich unterschiedliche Geschichten, dank der Geheimnisse und Tuscheleien, die jeden Vorfall in der Verbotenen Stadt umgaben.

Das Hausgesetz der Mandschus verbietet den Eunuchen das Verlassen der Hauptstadt, außer zum Zweck der Begleitung einer Kaiserin. Entgegen diesem Verbot unternimmt An Te-

*hai im Sommer 1869 eine Reise nach der Provinz Shantung.
Der Zweck dieser Reise, zu der Cixi ihre ausdrückliche
Zustimmung erteilt hat, ist die Erhebung von Abgaben und
gleichzeitig der Erwerb von Zeremoniengegenständen und
Seide für Tongzhis geplante Hochzeit mit Alute. Der „Kleine
An" freut sich, die Hauptstadt zu verlassen und auf dem
Großen Kanal zu reisen. Wo immer er hinkommt, laufen die
Menschen zusammen, denn kaum einer hat je einen Eunuchen
so prächtig reisen sehen. Aber der Gouverneur der Provinz
Shantung, ein alter Beamter namens Ting Bao-chen, der sich
über die Übertretung des dynastischen Gesetzes entsetzt und
den An Te-hais Erpressungen viel Geld kosten, setzt sich mit
Prinz Kung in Verbindung. Er macht ihm von der Ankunft des
Obereunuchen Mitteilung und beschuldigt diesen gleichzeitig,
er habe sich Vorrechte des Himmelssohns angemaßt, denn er
sei über den Kanal in einer vergoldeten Barke gereist, unter
dem drachenbestickten Baldachin von kaiserlichem Gold.
Prinz Kung erkennt sofort die Gelegenheit, sich an Cixi zu
rächen. Er entwirft eine Anklageschrift, die er nicht Cixi,
sondern der Kaiserin des Östlichen Palastes überreicht.
Nur mit einiger Mühe setzt er durch, dass diese einen Erlass
unterzeichnet, worin der Majestätsverbrecher, der sich den
Prunk des Himmelssohnes angemaßt hat, zum sofortigen
Tod durch Enthaupten verurteilt wird. Einige Tage später,
am 25. September 1872, erhält An-Te-hai eine Einladung
in den Yamen des Gouverneurs. Ahnungslos geht er hin
und wird mit aller gebotenen Feierlichkeit als hochgeehrter*

Gast aufgenommen. Nach dem Austausch der üblichen Höflichkeiten erkundigt sich der Obereunuch, warum man ihn in den Yamen gebeten habe. Daraufhin zeigt ihm der Gouverneur den Erlass, der seine Hinrichtung anordnet. Vergeblich beruft sich der Unglückselige auf die Autorität der Kaiserin des Westlichen Palastes, vergeblich fleht er, man möge ihm gestatten, einen Boten nach Peking zu senden. Er wird in einen Hof geführt, wo schon der Scharfrichter mit einem zweiseitigen Schwert auf ihn wartet. An Te-hai muss niederknien, ein vor ihm stehender Knecht packt ihn am Zopf, um den Kopf niederzuhalten und den Nacken in die richtige Lage zu bringen – ein Hieb, und der Kopf ist vom Körper getrennt. Sechs weitere Eunuchen und sieben für die Reise angeheuerte Leibwächter werden ebenfalls hingerichtet. Es heißt, der Gouverneur habe den Leichnam tagelang an der Hinrichtungsstätte liegenlassen, damit alle sehen konnten, dass er keine Geschlechtsorgane hatte.

Bis Cixi vom Tod ihres Günstlings erfährt, dauert es eine Zeitlang. Die Hofdamen flüstern: „Als Ihre Majestät das Ungeheuerliche vernimmt, verwandelt sich ihre kaiserliche Haltung in „göttlich im Zorn". Sie begibt sich umgehend zur Kaiserin des Östlichen Palastes und beschimpft diese mit einer so kalten, ingrimmigen Wut, dass der Armen das Herz im Leib erzittert.[2]

Nach An Te-hais Tod übernahm Li Lien-ying die Leitung des Kaiserlichen Haushalts und wurde Cixis ergebenster Vertrauter.

Gleich seinem Vorgänger hielt er ihr die Treue, und zwar nur ihr allein, bis zu ihrem Lebensende.

Li Lien-ying

Der neue Obereunuch in Cixis Dienst wurde von Varè folgendermaßen beschrieben:

Sein Äußeres schien wenig einnehmend. Groß und mager hatte er plumpe Züge und eine herunterhängende Unterlippe; schlaue tiefliegende Äuglein, eine runzlige, gelbe Haut, die an altes Pergament erinnerte; eine unheildrohende Miene, aber ein wohlklingendes Organ, ein liebenswürdiges, einschmeichelndes Wesen und beste Manieren. Gleich den meisten Eunuchen sah er älter aus, als es seinen Jahren entsprach. Im Volksmund hieß er „Pi-hsiao" „Schusterpech-Li", eine Anspielung auf den Beruf, den er ausgeübt hatte, ehe er in den Hofdienst eintrat oder – wie die Chinesen es nannten – „die Familie verließ". Es wurde gemunkelt, dass er sich selbst mit dem Schustermesser kastrierte. Wahrscheinlicher ist aber, dass er einen offiziellen Kastrateur aufgesucht hatte.[3]

Cixi betraute Li Lien-ying mit allen Finanzgeschäften für den Palast und für ihre Audienzen; Erpressung und Bestechung griffen unter seiner Verwaltung ständig weiter um sich. Es war bekannt, dass der bequemste Zugang zu Cixi durch seine Tasche führte. Als er 1911 starb, war er angeblich einer der reichsten Männer Chinas mit einem Vermögen im Wert von etwa zwei Millionen Pfund Sterling, das in Pfandhäusern und Eigentum in der Stadt angelegt war. Cixi zeichnete Li Lien-ying mit der Pfauenfeder und dem roten Knopf des zweiten Ranges aus, obwohl Eunuchen höchstens den vierten Rang innehaben durften. Durch solche Gunstbezeigungen fesselte sie ihn an ihre Seite, dokumentierte damit aber auch gleichzeitig das enge Verhältnis zu ihm. Li Lien-ying hatte für einen Eunuchen ungewöhnliche Freiheiten. Er durfte sogar in der Gegenwart der Kaiserinwitwe sitzen und mit ihr diskutieren, er begleitete sie auf ihren Ausflügen und nahm an Opernaufführungen teil, man sah sie gemeinsam auf Fotografien. Als Cixi älter wurde, war er es, der ihr den Namen „Alter Buddha" verlieh, was sie sehr erfreute. [3]

Tongzhi und Alute

Im Jahre 1872 feierte der Kaiser seinen sechzehnten Geburtstag und war nun alt genug, um zu heiraten. Wieder kamen die Töchter der Mandschu-Beamten dem Aufruf zur Brautschau nach. Tongzhi war auf Grund seiner Bordellbesuche ein Frauenkenner und ließ es sich nicht nehmen, selbst an der Auswahl seiner zukünftigen Gemahlin teilzunehmen. Als geeignete Kaiserin wurde Alute ausgewählt, die achtzehnjährige intelligente, bildhübsche Tochter eines angesehenen mongolischen Beamten. Der Kaiser war zufrieden, seine Mutter hätte jedoch ein gefügiges Mädchen vorgezogen.

Mariner Warner zitiert den französischen Schriftsteller Cordier, der Alutes Einzug in den Kaiserhof so beschreibt:

In der Nacht des 15. Oktober 1872, um 23.30 Uhr, einem von
den Hofastrologen bestimmten Zeitpunkt, verließ Alute das

Haus ihrer Eltern, um von da an in der Verbotenen Stadt zu leben. Ihre Möbel, ein Bett, ein Spiegel, zwei Garderoben, Stühle und acht Brauttruhen, waren ihr symbolisch vorausgegangen. Ihr Weg wurde mit gelbem Sand bestreut, und in den Straßen wurden Spaliere von Soldaten der acht Mandschu-Banner gebildet, die jedem verboten hatten, ihren Vorbeizug zu beobachten, alle Fenster und Türen geschlossen und Spanische Wände errichtet hatten. Prinz Kung und der Präsident des Amtes für Staatseinkünfte gingen als die Heiratsvermittler am Kopf des Zuges. Schweigende Musikanten mit schwankenden großen Federn auf ihren Kopfbedeckungen folgten in dichtgeschlossenen Reihen; dann kamen Hunderte von Dienern in scharlachroten Gewändern, die bunte Laternen an langen Stäben trugen oder große Zeremonialregenschirme, die mit Feng-Vögeln, dem Symbol für die Braut, verziert waren; es folgten Siegel und Urkunde der neuen Kaiserin; dann kamen Pferde mit goldenem Geschirr und Sätteln, verschiedene Geschenke wie Weihrauchkessel, goldene Wasserkannen, verschwenderisch gepolsterte Stühle; schließlich wurden noch alle Arten von bunten Fahnen mitgeführt, von denen einige zeigten, wie der Drache und der Phönix sich innig umschlungen hatten. Als dieser riesige Zug leise und feierlich durch die dunkle Stadt schritt, lugten die Einwohner Pekings durch die Löcher, die sie in die blauen Sichtblenden gestoßen hatten, um die goldgelbe Tragsänfte der Kaiserin zu sehen, die von sechzehn Trägern transportiert wurde und von Eunuchen in kaiserlich-gelben

Kleidern umgeben war. Die kaiserlichen Wachen, die sich in unmittelbarer Umgebung befanden, waren prächtig beritten und Leopardenschwänze baumelten an ihren Lanzenspitzen.[4]

Fünf Tage nach der Heirat bestimmten die Hofastrologen den 23. Februar 1873 als günstigsten Tag zur Thronbesteigung. Zu diesem Zeitpunkt wurde Tongzhi offiziell mit allen kaiserlichen Vollmachten ausgestattet.

Die Thronbesteigung Tongzhis brachte die Lösung eines Problems, das die chinesische Regierung schon seit einem halben Jahrhundert beschäftigte. Es war die Frage des Kotaus[5]: Seit Beginn des Chinesischen Kaiserreichs musste jeder, der dem Kaiser gegenübertrat, sich als ein Zeichen der Ehrerbietung, der Unterwerfung und der Verehrung zu Boden werfen und mit der Stirn den Boden berühren. Cixi und der Hof sahen in den Diplomaten niemand anderes als die Abgeordneten der chinesischen Vasallenstaaten, die natürlich vorbehaltlos diesem Ritus folgten, und deshalb verlangten sie von den westlichen Diplomaten die gleichen Ehrbezeichnungen. Die Vertreter der ausländischen Mächte verweigerten jedoch den Kniefall. Nach dem Friedensvertrag von 1860 durften die Ausländer in Peking ihre Gesandtschaften einrichten, aber ein Treffen der Minister mit dem Kaiser wurde aufgrund dieses Konfliktes immer wieder hinausgeschoben, mit der Begründung, dieser sei ja noch ein Kind. Der Hof machte zwölf Jahre lang keinerlei Anstrengungen Kontakt aufzunehmen, und außer Prinz Kung und einigen unbedeutenden Beamten hatten die Diplomaten keine Vertreter des Reiches getroffen. Als Tongzhi nun offiziell zum Kaiser ernannt war, baten die Vertreter von Russland, Großbritannien, den Vereinigten Staaten, Holland und Japan umgehend um eine Audienz. Die Kaiserinwitwe konnte die Begegnung nicht länger hinausschieben und musste eine Entscheidung fällen. Entschlossen beauftragte sie Prinz Kung, er solle ein Treffen zwischen dem jungen Kaiser und den Diplomaten vorbereiten – ein Kotau sei dabei nicht erforderlich.

Das junge Paar lebte glücklich miteinander, und der Kaiser begann sich mehr und mehr für die Regierungsgeschäfte zu interessieren. Offizielle Papiere wollte er nicht mehr durch die Kaiserinwitwe bewilligen lassen, und generell sollte der Einfluss seiner Mutter verringert werden. Alute bestärkte ihn in seinem Vorhaben. Doch noch vor Ende des Jahres schlug das Schicksal zu. Tongzhi erkrankte an Pocken, was auf den ersten Blick nicht lebensbedrohlich erschien, denn die Chinesen folgten dem Aberglauben *Pocken führen zum Glück!* Noch im Dezember 1874 verkündete ein Erlass, der Kaiser „habe das Glück gehabt", sich die Pocken zuzuziehen. Von seinem Krankenlager aus dekretierte er:

„Ich bitte die beiden Kaiserinnen, Mitleid mit meinem Zustand zu haben und mir zu erlauben, mich nur um mich selbst zu kümmern. Dadurch, daß sie eine Zeitlang nach den Staatsgeschäften sehen, werden die Kaiserinnen ihre große Güte mir gegenüber einem Höhepunkt zuführen, und ich werde ihnen ewige Dankbarkeit erweisen." [6]

Am 23. Dezember waren die Flecken ausgetrocknet und das Fieber hatte sich gesenkt. In der Freude, die der Wiedergenesung folgte, gab der Monarch Geschenke und Titel an seine Beamten aus, aber die Feiern waren verfrüht. Im Januar kam das Fieber zurück.

In seiner Abschiedsadresse dankte der Kaiser den Kaiserinwitwen für „ihre größest mögliche Zärtlichkeit bei der Sorge um unsere Person", und am 12. Januar 1875 starb der Kaiser, das Gesicht nach Süden gewandt und für seine letzte Reise in die Gewänder der Langlebigkeit gekleidet. Er war erst 19 Jahre alt, und obwohl er seit 1861 Kaiser war, hatte er weniger als zwei Jahre regiert.[7]

Varè schreibt zum frühen Tod:

> *Man nimmt an, dass Tung-chih sich die Pocken durch einen unglückseligen Zufall zuzog. Es ist aber genauso gut möglich, dass man ihn damit ansteckte, um seinen Tod herbeizuführen. In den Teehäusern Pekings taucht regelmäßig die Geschichte auf, wie man den einen oder anderen großen Mann mit Hilfe jener kleinen, groben Handtücher losgeworden sei, die in Dampf erhitzt und den Besuchern der Theater und Restaurants, aber auch Gästen in den Privathäusern zur Verfügung gestellt werden, damit sie sich Gesicht und Hände reinigen können. Ehe die Diener – so heißt es in diesen Kriminalromanen des Ostens – ihrem Herrn das gewärmte Handtuch reichen, ziehen sie es über das pustelbedeckte Antlitz eines Pockenkranken. So wird die Krankheit übertragen .... Es bleibt darum dahingestellt, ob des Kaisers „Glück", das der Erlass verkündete, nicht von einem jener kleinen, dampfenden Handtücher herrührt, die ihm unter dem wachsamen Auge Li Lien-yings alle halbe Stunden gereicht werden.[8]*

7. Abermals Regentin (1875-1895)
Wahl eines Nachfolgers

Nun hatte Cixi wieder alle Macht in ihren Händen. Am Tage des Ablebens ihres Sohnes rief sie unverzüglich für den Abend eine Versammlung des Höchsten Staatsrates, der Kaiserlichen Sippe und der Minister ein. Es war eine bitterkalte Januarnacht. Über Peking fegte der „gelbe Wind", beladen mit dem Sand mongolischer Wüsten. Zu der Stunde, als der Rat sich versammeln sollte, hatte der Sturm seinen Höhepunkt noch nicht erreicht, aber als unheilverkündendes Vorzeichen zog durch die dunkle Nacht eine riesige Sandsäule aus der Gobi heran, von heftigen Stößen trockener, kalter Luft angekündigt. Der Straßenstaub wurde zu winzigen Windhosen aufgewirbelt, gleichsam als Vorspiel kommender Ereignisse. Cixi ließ sich vom Wetter nicht beeindrucken.

Der Monarch war gestorben und hatte keinen Erben hinterlassen. Schnell musste ein neuer Kaiser gewählt werden, denn Alute, die junge Kaiserinwitwe, war schwanger. Cixi wollte auf keinen Fall warten, bis das Kind geboren war, denn würde es ein Junge, so würde Alute die klare Nachfolgerin für den Thron. Umgehend schickte Cixi, als die noch amtierende Regentin, die trauernde Alute zur Totenwache an den Katafalk, während sie selbst mit der Kaiserinwitwe des Ostens im Palast Platz nahm. Sie hatte einen Plan und wusste genau, wer der zukünftige Kaiser sein sollte. Klugerweise schlug sie drei Kandidaten vor, von denen für sie jedoch nur ihr dreijähriger Neffe Guangxu, der kleine Sohn ihrer

Schwester und deren Gatten Prinz Chun als Nachfolger von Tongzhi in Frage kam. Die Sitzung dauerte bis spät in die Nacht, und Cixi argumentierte so überzeugend, dass schließlich die Mehrheit der Anwesenden für ihren Vorschlag stimmte.

Inzwischen war der Sturm noch stärker geworden, dennoch wollte die Kaiserinwitwe die Angelegenheit zu Ende bringen. Sofort gab sie Order, dass die Eunuchen das Kind in der Weststadt abholen und es als erstes zum toten Kaiser bringen sollten, damit es diesem Ehre erweise. Alute wusste nun, dass ihr eigenes Kind keine Chance mehr haben würde, da der Platz auf dem Drachenthron schon besetzt war. 74 Tage nach dem Tod ihres Gatten starb Alute, noch bevor ihr Kind das Licht der Welt erblickt hatte. Sie setzte ihrem Leben ein Ende, indem sie Quecksilber schluckte, was man volkstümlich als „Gold essen" bezeichnete.[1] Öffentlich wurde der Tod mit einer langen Krankheit begründet, verursacht durch den Kummer über den Tod ihres Gatten. Dennoch fragte man sich in den Teehäusern „War es Selbstmord oder ein Verbrechen?" Um dem Gemunkel und den Gerüchten ein Ende zu bereiten, schickte man eine Petition an den Hof mit der Bitte, der verstorbenen Kaiserin posthum Ehrentitel zu verleihen. Li Hung-chang[2], der getreue Freund Cixis, war einer der Unterzeichner. Am Hofe kamen die Regenten der Bitte gerne nach, und sie beauftragten ihre Minister die entsprechenden Bezeichnungen vorzuschlagen. Schließlich wurden aus zwei alternativen Listen mit zwölf Vorschlägen folgende Ehrentitel für Alute ausgesucht und amtlich bekannt gegeben:

Kaiserin Alute: die gehorsame Tochter, die Weise, die Vortreffliche, die Gebende, die Treibende, die Vorsichtige, die

Tugendhafte und die intelligente Königin, deren Verhalten sich nach den himmlischen Gesetzen richtet und deren Leben den Lehren der Weisen Glanz verleiht.[3]

Und so endete mit einem Sturm großartiger Worte die Verbindung der verstorbenen Ehefrau Tongzhis mit dem Kaiserhof.

Kaiser Guangxu

Der kleine Kaiser wuchs in der vollständigen Abgeschlossenheit des Palastes unter Frauen und Eunuchen auf. Die Kaiserinwitwe, seine Adoptivmutter, flößte ihm Angst ein, und er blieb ihr gegenüber misstrauisch und widerspenstig. Nur zur Kaiserin des Östlichen Palastes entwickelte er Vertrauen, aber im Wesentlichen waren seine Palasteunuchen und sein Lehrer für ihn verantwortlich. Die Erzieher hatten entdeckt, dass der kleine Herrscher mechanisches Spielzeug liebte, und sie fanden in der Stadt einen dänischen Kaufmann namens Kieruf, der Nürnberger Spielwaren verkaufte, die extra für die Kinder der Legationspersonen eingeführt wurden. So kam der Junge erstmals mit westlichem Spielzeug in Berührung. Außerdem waren seine Gemächer mit Uhren jeglicher Art angefüllt, und seine Lieblingsbeschäftigung war, diese tickenden Gegenstände während seiner Freizeit auseinanderzunehmen und wieder zusammenzusetzen. Durch diese importierten Kleinigkeiten entwickelte Guangxu Geschmack an exotischen Dingen und technischen Erfindungen, die ihn Zeit seines Lebens interessieren sollten.

Die Brüder Prinz Chun (links) und Kaiser Guangxu [4]

Schon im zarten Alter wurde Guangxu mit einer Cousine, und somit mit jemandem aus Cixis Sippe, verlobt. Im Februar 1898 veröffentlichte der Hof einen Erlass, der die bevorstehende Eheschließung des Himmelssohns verkündete. Die Hochzeit wurde auf Staatskosten mit großem Pomp gefeiert, und alle Provinzen mussten sich an den Kosten beteiligen. Es wurde keine glückliche Verbindung, denn der Kaiser fand die junge Frau unsympathisch, auch litt er an gewissen körperlichen Mängeln, die ihm jede eheliche Beziehung unmöglich machten. Obwohl sein Problem allgemein bekannt war, suchte Cixi auch noch zwei Konkubinen für ihn aus. Es waren Schwestern im Alter von fünfzehn beziehungsweise dreizehn Jahren. Man nannte sie die „Perlenkonkubine" und die

„Glänzende Konkubine". Die Glänzende Konkubine war dick und taktlos, von ihr wollte Guangxu nichts wissen, jedoch in die Perlenkonkubine verliebte er sich.

Jahre der Ruhe

Nach den Festlichkeiten zog sich die Kaiserinwitwe offiziell zurück, behielt sich jedoch die persönliche Ernennung und Absetzung aller Staatsbeamten vor, was ihr weiterhin großen politischen Einfluss verschaffte. Auch verlangte sie, dass Kaiser Guangxu sie einmal wöchentlich besuchte. Er reiste in einer Sänfte und benötigte etwa zweieinhalb Stunden für die fünfundzwanzig Kilometer vom Nordwesttor der Stadt bis zur Grenze des wieder Sommerpalastes. Nach der Ankunft musste er vor dem Tor knien wie jeder andere gewöhnliche Bittsteller und warten, bis die Eunuchen ihn angemeldet hatten und mit einer Eintrittserlaubnis zurückkamen. Cixi ließ ihn ihre Macht spüren, und der schwache Kaiser hatte dem nichts entgegenzusetzen. In dieser Zeit gab die Kaiserinwitwe wenige Audienzen, beachtete aber die vorgeschriebenen Zeremonien und sah darauf, dass ihr Volk zufrieden war. Dabei zeigte sich der Himmel gnädig, denn es gab weder Überschwemmungen, noch Dürren, noch Heuschreckenplagen, und die Ernte fiel überraschend gut aus. Anlässlich ihres Rücktritts war Cixi ein neuer Schub von Ehrentiteln verliehen worden, was ihre Privatschatulle angenehm füllte. Nun konnte sie sich unbesorgt all ihren Vergnügungen widmen und einen lang gehegten Traum verwirklichen.

Der Wiederaufbau des Sommerpalastes

Kaum hatte Cixi die Absicht verkündet, den Sommerpalast wieder aufbauen zu lassen, fanden im ganzen Reich Sammlungen statt, man schickte Gold und Silber und manche Provinzen verdoppelten sogar ihre Tribute. Cixi war begeistert und entwarf prächtige Bauten und schöne Landschaftsbilder. Im Südosten des Sees entstanden ihre eigenen Paläste, wo sie und der Kaiser getrennt und doch nicht zu weit voneinander entfernt leben konnten. Ermutigt durch die Großzügigkeit des Volkes trieb die Kaiserinwitwe maßlose Verschwendung. Sie ließ ein großes Theater bauen, in dem sie sich ihrem liebsten Zeitvertreib widmen konnte – dem Betrachten von Schauspielen und Opern. Der Bau der dreistöckigen Theaterbühne dauerte fünf Jahre und verschlang allein 710.000 Tael Silber. Sobald das Theater aber fertiggestellt war, gab es hier Opernaufführungen zu allen Feierlichkeiten und Festtagen des Jahres, zum Beispiel zu den Geburtstagen des Kaisers und der Kaiserin, am Neujahrstag, am Laternenfest, am Drachenbootfest und am Mondfest. Die Mitglieder der Kaiserfamilie, Fürsten und hohe Beamte wurden zu den oft stundenlangen Aufführungen eingeladen. Meist boten die hierbei gezeigten Opern Geschichten über Kaiser und Kaiserinnen, Generäle und Kanzler oder Unsterbliche, sowie Monster und Vampire aus den Volkssagen. Die Darsteller mussten allerdings stets auf der Hut sein, die Regenten nicht zu beleidigen, wie folgende Begebenheit deutlich macht:

Eines Tages bewies der bekannte Operndarsteller Chen Delin großes Geschick. In dem Stück, das gerade aufgeführt wurde, gab es den Liedtext: „ *Das **Schaf** kommt in den Rachen des Tigers, es gibt nur das Hin und kein Zurück!*". Im letzten Moment fiel Chen Delin ein, dass die Kaiserinwitwe im Sternzeichen „Schaf" geboren war. Schnell änderte er den Text. „ *Der **Fisch** ist im Netz gefangen, es gibt nur das Hin und kein Zurück!*" Die ursprüngliche Fassung hätte ihn seinen Kopf kosten können.

Cixi schrieb auch eigene Theaterstücke und liebte es, selbst eine Rolle darin zu übernehmen, obwohl im traditionellen chinesischen Schauspiel alle Figuren von Männern dargestellt wurden. Die Lieblingsrolle der Kaiserinwitwe war die der „Guanyin", der Göttin der Barmherzigkeit. Ihr Obereunuch Li Lien-ying durfte dabei die Begleitung der Göttin spielen. Solche Aufführungen begeisterten Cixi dermaßen, dass sie sich dabei sogar fotografieren ließ.

Cixi als Göttin der Barmherzigkeit

mit den Eunuchen Li Lieng-yin (zur Linken) und Cui (zur Rechten) [5]

Außerdem bereitete es Kaiserinwitwe Cixi großes Vergnügen, Gäste zu empfangen. Um diese zu beeindrucken, ließ sie im Kunmimg-See das berühmte „Marmorboot" erbauen. Nur der Sockel des pompösen Schiffes bestand aus echtem Marmor, der Rest wurde jedoch aus Holz gebaut und so bemalt, dass er genauso wirkte. Hierhin wurde zum Tee geladen.

6

Die Hunde

Wenn ihre Regierungspflichten es erlaubten, beschäftigte sich die Kaiserinwitwe gerne mit der Pekingesenzucht. Der Pekingese, in Deutschland auch Pekinese genannt, war ein chinesisch-kaiserlicher Palasthund. Er wurde seit Jahrhunderten im Herzen Pekings in der Verbotenen Stadt gezüchtet. Schon Kaiser Qianlong (1735-1796) hatte einen Lieblingspekingesen, den er in einem rollenden Messingkäfig zur Schau stellte. Unter seinem Enkel Kaiser Daoguang (1820-1850) erreichte der Kult mit den Hunden seinen Höhepunkt. Besonders ausgebildete Eunuchen waren für die Betreuung des kaiserlichen Zwingers und damit für die Zucht und Pflege der Pekingesen verantwortlich. Sie besorgten sogar menschliche Ammen, die die Welpen säugten. So überrascht es nicht, dass Cixis Palasthunde in einem eigenen Pavillon in der Nähe ihres Thronsaales untergebracht waren, damit sie jederzeit dort vorbeischauen konnte. Die Hunde wurden wie Babys von den Eunuchen bewegt, gebadet, gefüttert; sie schliefen auf seidenen Kissen. Auch in ihren eigenen Gemächern hielt sich Cixi Hunde. Einer ihrer Lieblinge war ein lebhafter Welpe, den sie liebevoll *Shadza (Narr)* nannte. In ihren privaten Räumen lebte mit ihr zuweilen auch ein Ärmelhund – eine besondere Art der Pekingesen. Diese kleine Hunderasse wurde bald nach der Geburt ausgezwergt, sodass ein Hündchen in einem bestickten Ärmel Platz hatte. Wie schon erwähnt, soll die noch junge Konkubine Yehonala das Tierchen mit in das Schlafgemach des Kaisers genommen haben. Besucher der späteren Kaiserinwitwe berichteten von einem Mischlingshund namens Chiang (Ginger), den Cixi sehr mochte. Hierbei soll es sich um eine hässliche, stinkende, bösartige Promenadenmischung gehandelt haben. Dieses wenig Vertrauen erweckende Tier hatte die große Begabung herauszufinden, welche Besucher der Herrscherin nicht genehm waren, und biss dann zu. Ginger wurde in der Geschichte bekannt als der Hund, der einige der prominentesten chinesischen Männer und Frauen gebissen hat. [7]

Mandschu-Dame mit Pekinese

Tod der Kaiserin des Ostens

Im Jahre 1880, als sie 45 Jahre alt war, erkrankte Cixi ernsthaft und war 12 Monate lang ans Bett gefesselt. Sie klagte über Leibschmerzen und ihre Ärzte vermuteten ein Leberleiden, das sie mit den herkömmlichen chinesischen Heilmitteln zu lindern versuchten. Während Cixi krank in ihren prächtigen Gemächern lag, übernahm Niuhuru, die Kaiserinwitwe des Ostens, die anfallenden Regierungsgeschäfte. Darüber war die Kranke natürlich nicht sehr erfreut, und da der kleine Kaiser, wie auch ihr eigener Sohn vor vielen Jahren, sich mehr zu der sanften Niuhuru hingezogen fühlte, wurde Cixi eifersüchtig. Es kam zu Streitereien zwischen den beiden mächtigsten Frauen am Hof, besonders da die Eifersucht noch durch die Erinnerung an den gemeinsamen Gatten geschürt wurde. In jenen Tagen zirkulierte eine populäre Erzählung in der Hauptstadt, die schnell ihren Weg durch China machte, bis sie im Süden zur wahren Begebenheit hochstilisiert wurde.

Eines Tages plaudert Niuhuru mit Cixi über die alten Zeiten. Da enthüllt diese ihr, dass Xianfeng ihr vor seinem Tode ein Dokument übergeben habe. In diesem Schriftstück verfügt er, dass Cixi nach seinem Tod unverzüglich enthauptet werden solle, falls sie irgendwelche Schwierigkeiten mache. Niuhuru zeigt Cixi das Papier und zerreißt es dann vor deren Augen, um zu zeigen, dass sie es niemals benutzen würde. An jenem Nachmittag bietet ein Eunuch Niuhuru, als sie in einen Goldfischteich in einem Park der Verbotenen Stadt blickt, etwas Milchgebäck als kleine Aufmerksamkeit von Cixi an. Niuhuru nimmt ein wenig davon; am Abend ist sie tot. [9]

Obwohl die Legende einen Zusammenhang zwischen Gebäck und Tod vermuten lässt, ist es wahrscheinlich, dass Nihurus Tod langsamer verlief. Auch bei Pearl S. Buck bleibt die Ursache des Todes unbeantwortet:

Am zehnten Tag dieses Monats wird sie plötzlich krank. Es ist eine sonderbare Krankheit, deren Art die Hofärzte nicht feststellen können. Ihre Heilmittel versagen. Eine Stunde vor ihrem Tod, als Niuhuru schon ihr Schicksal kennt, lässt sie einen Schreiber kommen und diktiert ihm ein Edikt,

das nach ihrem Tode im ganzen Land verbreitet werden
soll. Es hat folgenden Wortlaut: „Ich war immer bei guter
Gesundheit und hatte die begründete Hoffnung, in Ruhe ein
hohes Alter zu erreichen. Gestern jedoch wurde ich von einer
unbekannten, äußerst schmerzhaften Krankheit befallen, und
nun scheint es, dass ich aus dieser Welt scheiden muss. Die
Nacht kommt näher, alle Hoffnung ist dahin. Ich sterbe im
Alter von fünfundvierzig Jahren. Zwanzig Jahre habe ich
die hohe Stellung einer Regentin des Reiches innegehabt.
Viele Titel habe ich erhalten und große Anerkennung wegen
meiner Tugend und Milde gefunden. Warum sollte ich
mich deshalb vor dem Tode fürchten? Ich bitte nur darum,
dass die siebenundzwanzig Monate der üblichen Trauer
auf siebenundzwanzig Tage abgekürzt werden, damit die
Sparsamkeit, Bescheidenheit und Mäßigkeit, die mich
während meines Lebens ausgezeichnet haben, bei meinem
Tode unserem Volk in Erinnerung gerufen werden. Ich
habe in meinem ganzen Leben keinen Pomp und keine eitle
Pracht entfaltet und wünsche diese auch nicht bei meinem
Begräbnis. "[10]

Dieses Edikt soll von Prinz Kung im Namen der Toten
verlesen worden sein, um Cixi zu verstehen zu geben, dass die
letzten Worte eine Verurteilung ihrer eigenen Prachtentfaltung und
Schönheitsliebe waren.

Einzig der Herausgeber der „Hongkong Daily Press", Philip
W. Seargent, schließt sich den unbewiesenen Behauptungen nicht
an. Sinngemäß überlegt er:

Von allen Menschen, die Tse-his Ehrgeiz im Wege standen, war Tse-an die unwichtigste Person. Nachdem die beiden Frauen fast 30 Jahre lang zusammen gelebt hatten, und das unter Bedingungen, bei denen in einem Harem normalerweise schon nach wenigen Tagen ein Streit ausgebrochen wäre, erscheint ein Mordauftrag ein sinnloses Verbrechen. Rücksichtlos, wie Tse-hi handelte, wenn sie einen Anlass für drastische Maßnahmen zur Ausführung ihrer Pläne sah, veranlasste sie jedoch kein unnützes Morden.[11]

Der Chinesisch-Japanische Krieg 1894-1895

Japan, das sich im Gegensatz zu China dem Ausland geöffnet und modernisiert hatte, warf ein Auge auf Korea, welches die Qing als Vasallenstaat betrachteten. Der tatkräftige japanische Kaiser Mutsohito war eisern entschlossen, Chinas Herrschaft über Korea zu beenden. Die Gelegenheit dazu bot sich im Jahre 1894. Ein Ersuchen der Königin von Korea, bei der Unterdrückung einer Rebellion zu helfen, lieferte sowohl Japan wie auch China einen Vorwand, Truppen nach Korea zu entsenden. Als die beiden Armeen feststellten, dass die Aufständischen bereits besiegt waren, richteten sie ihre Waffen gegeneinander. Die chinesischen Soldaten hatten keine Chance gegenüber den modern gerüsteten Japanern, waren sie doch schlecht ernährt, schlecht trainiert, schlecht geführt und schlecht ausgerüstet. Nur drei von fünf Angehörigen der Truppen hatten Gewehre – die übrigen waren auf Piken, Schwerter und Speere angewiesen. Nach einer Reihe vernichtender Niederlagen zu

Wasser und zu Lande sah China sich nicht nur um eine Flotte ärmer, sondern die Japaner, verächtlich „Zwergbanditen" geschimpft, rückten auch in die Mandschurei ein und bedrohten Peking. [12]

Robert Bickers schildert die Lage folgendermaßen: *Japanische Kriegsschiffe und Kanonen schossen ohne Unterlass ihre zerstörerischen Granaten in die chinesischen Festungen. Sie bombardierten Weihaiwei, Port Arthur und Dalian, die Verteidigungen der Pescadoren, Taiwan und Li Hongzhangs Nördliche Flotte. Japanische Torpedoboote tauchten auf und zerbombten die Sperranlagen. Im März 1895 konnte Peking vom Osten und vom Süden aus ungehindert angegriffen werden, denn keine Verteidigung war in Sicht. Die Qing mussten kapitulieren. Den „Piraten-Zwergen" war es gelungen, die Chinesen zu besiegen und ihren Stolz zu brechen.* [13]

Li Hong-chang, der mittlerweile 72jährige Veteran, wurde zu Friedensverhandlungen nach Japan geschickt. Als er dort ankam, fiel er beinahe einem Attentat zum Opfer. Ein fanatischer japanischer Patriot versuchte, ihn zu erschießen. Die Kugel traf den Chinesen glücklicherweise nur unterhalb des linken Auges, und er konnte trotz durchschossener Wange in die Verhandlungen eintreten. Dieser unglaubliche Vorfall, der bei den westlichen Mächten Entrüstung hervorrief, ließ die Japaner ihre ursprünglich weit übertriebenen Forderungen etwas zurücknehmen. Schließlich einigte man sich und schloss einen weiteren der ungleichen Verträge ab. Hiernach musste China die Pescadoren-Inseln und Formosa an Japan abgeben, es musste Koreas Unabhängigkeit anerkennen, und es sollte eine Kriegsentschädigung von 200 Millionen Silberdollar zahlen. Außerdem wurde das Reich der Mitte gezwungen, vier weitere Freihäfen zu öffnen. Ein Zusatzvertrag von 1896 garantierte den Japanern sogar das Recht, dort eigene Industrien aufzubauen. Am 17. April 1895 beugte China im **Vertrag von Shimonoseki** sein stolzes altes Haupt vor dem Land der aufgehenden Sonne.

Die Hauptschuld an der Niederlage zur See traf Cixi und Li Lien-ying, denn die beiden eigneten sich den größten Teil der Beträge an, die zur Ausrüstung der Flotte bestimmt waren, und verwendeten sie zum Ausbau des Sommerpalastes. Man wusste bei Hof ganz genau, dass die Marmorterrassen und kostbaren Pavillons, die sich im Kunming-See spiegeln, mit dem Geld bezahlt wurden, das für Aufbau und Munition der chinesischen Flotte vorgesehen war. Böse Zungen flüsterten, das Marmorboot im See sei das einzige Boot, das mit den Geldern für die Kriegsmarine gebaut worden sei. Cixi hatte aber nicht die geringste Lust, ihren Fehler einzugestehen. Sie war sogar äußerst beleidigt, denn infolge des unglückseligen Krieges mit Japan musste sie die kostspieligen Feierlichkeiten abbrechen, die man zu Ehren ihres sechzigsten Geburtstages vorbereitet hatte. Von allen Beamten wurde schon verlangt, dass sie 25 Prozent ihres Einkommens für den Geburtstagsfonds beisteuerten. Seide, Gewänder, Pelze, Juwelen und Delikatessen waren bereits unterwegs auf der beschwerlichen Reise durch das arme Land. Aber der Friedensvertrag mit Japan war erdrückend, und so musste die Feier ausfallen. Höchst enttäuscht schrieb sie:

„Die glücklich gefügte Gelegenheit meines sechzigsten Geburtstages [schrieb sie] sollte ein frohes Ereignis sein, bei

dem sich die ganze Nation vereinigen würde, um mir loyal und ergeben zu huldigen. Es hatte die Absicht bestanden, dass seine Majestät der Kaiser in Begleitung seines gesamten Hofes seine Glückwünsche übermitteln und seine Ehrerbietung im Sommerpalast erweisen wollte; meine Beamten und mein Volk haben Geld gespendet, um damit Triumphbögen zu errichten und die Kaiserliche Straße auf ihrer Gesamtlänge von Peking bis zum I-ho-yüan zu schmücken; große Altäre sind errichtet worden, an denen buddhistische Sutren zu meinen Ehren rezitiert worden wären. --- Wer hätte geahnt, dass die Zwerge (die Japaner) gewagt haben würden, uns zu Feindseligkeiten zu zwingen, dass sie seit Beginn des Sommers in den uns tributpflichtigen Staat (Korea) eindrangen und unsere Flotte zerstörten. [14]

Im unmittelbaren Anschluss an die Unterzeichnung des Vertrags kam es zu heftigen Protesten unter den chinesischen Intellektuellen. Zum Ausgleich für die beträchtlichen Gebietsverluste und Finanzabflüsse wurden von den Protestlern grundlegende wirtschaftliche und politische Reformen gefordert. Außerdem verlangten Progressive und Reaktionäre gleichermaßen den Kopf Li Hong-changs. Die einzige Möglichkeit für Cixi, ihre loyale Stütze zu retten, war, ihn als Repräsentanten des Reichs nach Russland zu den Krönungsfeierlichkeiten des neuen und letzten Zaren, Nikolaus II., zu senden.

Während Cixi sich im Sommerpalast mit ihren Hobbys beschäftigte, standen dem Kaiserreich schwierige Zeiten bevor, denn die damaligen europäischen Großmächte, mit Ausnahme von Österreich-Ungarn, nutzten die Schwäche der Mandschu-Regierung, um weitere Gebietsabtrennungen zu erzwingen. Allen voran stellte sich der deutsche Kaiser Wilhelm II.. In Bremerhaven hielt er bei der Verabschiedung des Ostasiatischen Expeditionskorps zur Niederschlagung des Boxeraufstands in China die berüchtigte „Hunnenrede"[15]. In dieser Rede forderte er die Soldaten auf, wie die Hunnen, das heißt rücksichtslos und ohne Pardon, gegen die Chinesen vorzugehen. Der Kaiser sah sich nicht nur als mächtigen Kriegsherrn, sondern auch als einen begnadeten Künstler an. So entwarf er persönlich eine Skizze mit dem Titel „Völker Europas, wahrt eure heiligsten Güter". Nach dieser Vorlage ließ er von dem Maler Herrmann Knackfuß mehrere Gemälde anfertigen. Die Darstellung sollte eine Allegorie sein auf die Verteidigung Europas unter deutscher Führung gegen die angeblich „Gelbe Gefahr". Zur Motivierung der Soldaten wurden die Truppentransporter mit dem Kunstwerk geschmückt.[16]

Im November 1897 nahm Kaiser Wilhelm II. die Ermordung von zwei deutschen Missionaren in Kiautschou zum Vorwand, den Hafen auf der Halbinsel Shantung von seinen Kriegsschiffen erobern zu lassen. Was war geschehen? Bei Diana Preston heißt es:

In der Allerheiligennacht 1897 werden Franz Xaver Nies und Richard Henle, zwei deutsche Angehörige der aggressiv und kompromisslos werbenden Steyler Mission von einer kleinen bewaffneten Bande ermordet. Kaiser Wilhelm nutzt die Gelegenheit und droht, dass Hunderttausende von Chinesen „die eiserne Faust Deutschlands in ihrem Nacken spüren werden". Er fordert und bekommt die Bucht von Kiautschou auf der Halbinsel Schantung als Marinestützpunkt und löst damit die Jagd der anderen Nationen auf Konzessionen aus. Tsingtao in der Kiautschou-Bucht wird zum einzigen größeren Stützpunkt der Kaiserlich Deutschen Marine, und der Kaiser verlangt nach wie vor weitere Zugeständnisse an die Missionare, unter anderem den Bau von Kirchen und Kathedralen mit Geldern der chinesischen Regierung. Weil Deutschland darauf besteht, liest man über ihren Türen: Katholische Kirche, erbaut auf Geheiß des Kaisers.[17]

Bemerkenswert schnell landete die deutsche Flotte in der Bucht mit dem besten Hafen der Provinz Shantung, wenn nicht sogar dem besten an der Küste von ganz Nord-China. Dabei spielte es keine Rolle, dass der Hafen für die Chinesen nicht nur strategische, sondern auch eine geschichtlich-religiöse Bedeutung hatte, denn von hier aus war der gläubige buddhistische Mönch Faxian im Jahre 414 v.Chr. nach Indien abgereist auf der Suche nach heiligen

Schriften, Statuen und Reliquien Buddhas. China wurde auch zur Verpachtung eines 5000 Quadratkilometer großen Gebietes für 99 Jahre gezwungen und musste dem deutschen Kaiser die Rechte zusichern, Bodenschätze zu fördern und eine Eisenbahn zu bauen.

„Nur noch ein letzter kräftiger Stoß, und der Koloß wird in Stücke brechen." Italien, Großbritannien, Japan, Rußland, Deutschland, Frankreich und die USA tanzen beim Fall Chinas. [18]

Politische Karikatur in einer französischen Zeitung im Jahre 1898. Königin Victoria, Kaiser Wilhelm II., Zar Nicholas II., die französische Marianne und ein japanischer Samurai wollen jeder ein Stück. Der chinesische Beamte ist machtlos.[19]

Baroness Elisabeth von Heyking, Ehefrau des deutschen Ministers in Peking, machte folgende Beobachtung:

Die Pekinger Luft hat nun einmal einen ganz besonderen Einfluss auf die weißen Männer: entweder sie werden dort chinesischer als die Chinesen und zu leidenschaftlichen Freunden und Verteidigern Chinas, wie die meisten Dolmetscher, Zollbeamten und Diplomaten der alten Schule, oder, und das sind die Jüngeren, sie werden von einem Taumel des Übermenschtums erfasst, der in einer grenzenlosen Verachtung alles Chinesischen wurzelt. Sie predigen, man solle zugreifen, sich nehmen, was man brauche, einzig das tun, was die eigene Herrenmoral fordere, denn so allein könnten Nationen und einzelne groß werden. Der Kern der Sache ist, sie trachten danach, einem anderen unrechtmäßigerweise etwas fortzunehmen. Dazu werden die großen Worte „Patriotismus, Expansion, neue Absatzgebiete, Stützpunkte" ausgekramt – und dazu drapieren sich ganz harmlose Bürokratenseelen als Schüler Macchiavellis und Nietzsches. [20]

Die folgende Landkarte zeigt die schon eroberten Herrschaftsgebiete der westlichen Mächte in China und den angrenzenden Staaten.

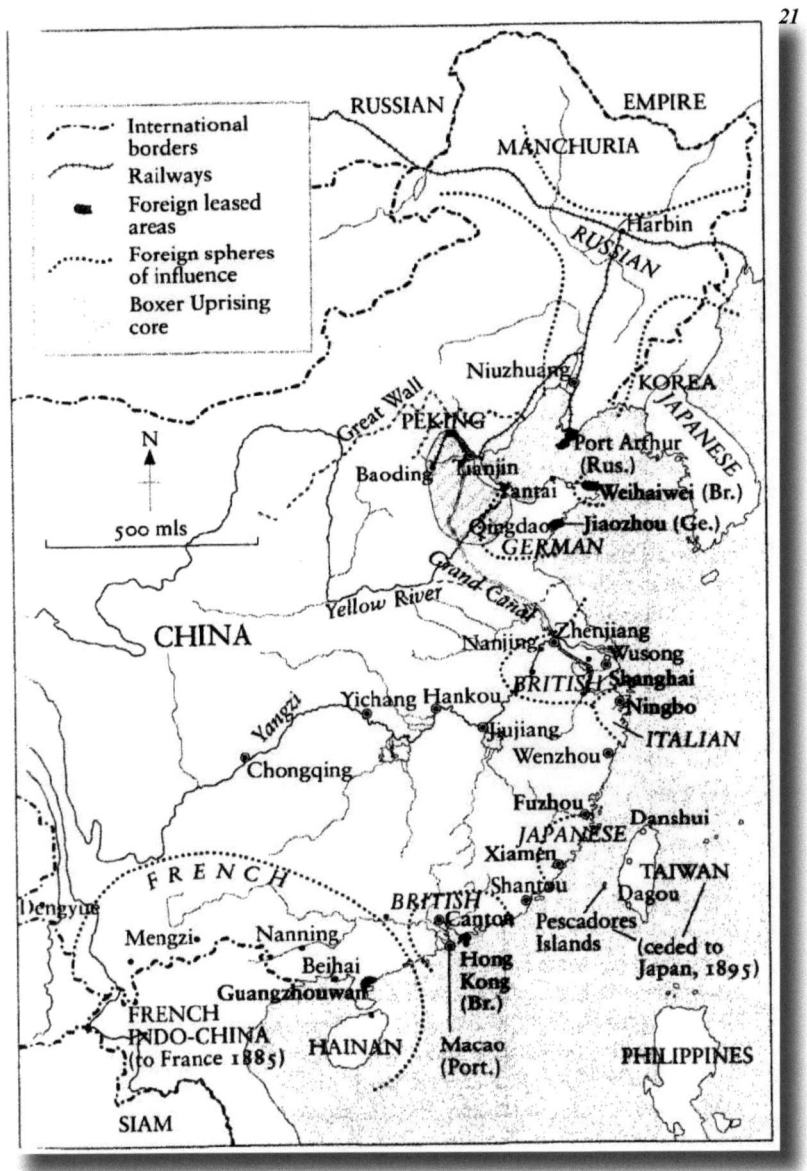

8. Die Hundert-Tage-Reform (1898)
Reformversuche des Kaisers

Der junge Kaiser Guangxu, von dem Cixi nicht viel erwartete, blieb derweil nicht untätig. Nach der schmählichen Niederlage im Chinesisch-Japanischen Krieg erkannte er, dass China auf neue Grundlagen gestellt werden musste, wenn es den anderen Mächten gleichwertig sein wollte. Dieselbe Neugier, die seine kindliche Leidenschaft für ausländische Spielwaren entflammt hatte, zeigte er auch gegenüber allen technischen Neuheiten, die die Fremden ins Land brachten. Sein alter Erzieher Weng Tung-ho war nicht länger fähig, den Wissensdurst des Kaisers in Bezug auf westliche politische Einrichtungen zu befriedigen, und regte an, einen Freund, einen Kantonesen, der bekannt für seine fortschrittlichen Ideen war, in den Palast zu berufen. Dieser Freund hieß **Kang Yu-wei.**[1] Schnell erlangte der Mann aus dem Süden das Vertrauen des Kaisers und agierte als sein politischer Mentor. Im Jahre 1889, in der kurzen Zeitspanne von nur drei Monaten, erließ Guangxu zahlreiche Edikte, die China von Grund auf verändern sollten. Zuerst forderte er, dass das Unterrichtswesen, welches in Formen ehrwürdigen Alters versteinert war, nach modernen Grundsätzen, in Anlehnung an westliche Methoden, neu gestaltet werden sollte. Weiterhin ließ er Tempel in Schulen umwandeln und beschloss die Gründung einer Universität in der Hauptstadt Peking. In Shanghai wurde ein eigenes Amt für die Übersetzung und Verbreitung ausländischer Bücher errichtet. Die Söhne der fürstlichen Mandschu-Familien sollten ermutigt werden, Studienreisen ins Ausland zu unternehmen. Mandschu durften nun zum ersten Mal seit der Beginn der Dynastie bürgerliche Berufe ergreifen; man empfahl ihnen besonders die Kaufmanns- und Handelslaufbahn. Unzählige Ämter wurden abgeschafft, da sie nicht notwendig waren.

Der Verrat

Der stetige Strom von Erlassen, der während kurzer Zeit aus des Kaisers Arbeitszimmer kam, gab der Öffentlichkeit keine Gelegenheit, sich an so viele Neuerungen zu gewöhnen. Wie wichtig diese Reformen auch waren, so hinterließen sie doch den Eindruck, dass von der jahrhundertealten Ordnung nichts mehr heilig und nichts mehr unantastbar war. Vor allem die Mandschu-Noblen fürchteten um ihre sicheren Positionen und ihr geregeltes Einkommen, sie stellten sich deshalb gegen alle Neuerungen. Kang Yu-wei dagegen war, ebenso wie Sun Yat-sen, ein weiterer Reformer aus dem Süden des Landes, der Ansicht, dass das Mandschu-Regime gestürzt werden müsse. Während er nun in der Verbotenen Stadt lebte, sah er, dass keine Reform wirksam durchgesetzt werden konnte, solange die Kaiserinwitwe die Macht hatte, in die Staatsangelegenheiten einzugreifen. Für ihn gab es daher nur einen Weg, ihren Widerstand zu brechen: man musste sie mit Gewalt unschädlich machen. Kang Yu-wei riet dem Kaiser, Cixi zu verhaften und auf einer kleinen Insel in einem der Palastseen internieren zu lassen. Kaiser Guangxu aber hatte nicht die nötigen Männer für einen Staatsstreich dieser Art und rief deshalb **Yuan Shi-kai**[2], einen Armee-Offizier, der die am besten trainierten Soldaten befehligte, zu Hilfe. Dieser sollte zuerst Jung Lu, Cixis Verbündeten, töten lassen und anschließend die Kaiserinwitwe gefangen nehmen. Yuan Shi-kai verriet jedoch das Komplott. Die Kaiserinwitwe handelte, und man berichtet, dass es sich folgendermaßen zugetragen haben soll:

Verbannung auf die Insel

Am 22. September 1898 lässt Cixi die Stadttore Pekings besetzen und stürmt selbst in die Wohngemächer des Kaisers. „Du kennst die Strafe für den, der seine Hand gegen seine Mutter erhebt!", ruft sie ihm zu, während sie ihm mit ihrem Fächer mehrere kräftige Ohrfeigen versetzt. Dann lässt sie den verdutzten Kaiser von der Palastwache abführen und auf die Insel Ying tai im südlichen See der Palastanlage bringen. Die von lotosbedecktem Wasser umgebene Insel ist ein ideales Gefängnis. Nur ein schmaler Steg mit einer Zugbrücke verbindet sie mit den übrigen Anlagen der Verbotenen Stadt. An der Brücke stehen fortan Tag und Nacht Soldaten Wache. Keiner der Untertanen des Kaisers rührt für ihn auch nur einen Finger. Er muss seiner Tante offiziell die Regierungsgeschäfte übergeben und allen Reformen öffentlich abschwören. Cixi lässt sechs hohe Würdenträger aus dem Kreis der Reformierer nach kurzem Tribunal köpfen. Der Initiator Kang Yu-wei aber entkommt, von britischen Kriegsschiffen geleitet, nach Hongkong und von dort nach Japan.[3]

Die Perlenkonkubine bat Cixi flehentlich, den Kaiser begleiten zu dürfen, aber sie wurde an einen weit entfernten Platz in der Verbotenen Stadt verbannt. Longyu dagegen, Cixis Nichte und ungeliebte Ehefrau Guangxus, musste mit ihm auf der Insel leben und genauestens über alles Geschehen berichten. Kang Yu-wei, der

Prophet, der für den Untergang seines Kaisers mitverantwortlich war, entging dem Zorn der Kaiserinwitwe, denn Guangxu hatte ihm eine Warnung zukommen lassen und sehr persönlich hinzugefügt:

Mein Herz ist von so großem Kummer erfüllt, dass Pinsel und Tusche ihn nicht ausdrücken können. Du musst sofort ins Ausland fliehen und ohne Verzögerung Mittel und Wege finden, mich zu retten. [4]

Kang Yu-wei gelang es, für eine Nacht in der Japanischen Botschaft Unterschlupf zu finden; am folgenden Tag floh er nach Tientsin und schiffte sich von dort aus nach Shanghai ein. Unter dem Schutz zweier englischer Kriegsschiffe konnte er weiter sicher nach Hongkong entkommen. Kangs jüngerer Bruder und fünf weitere Anhänger der Reformbewegung wurden auf Anordnung der wieder regierenden Kaiserinwitwe gefangen genommen und auf dem Richtplatz in der Chinesen-Stadt geköpft.

9. Besuch der ausländischen Damen (1898)

Erinnerungen von Sarah Conger - Lady Susan - Mrs. MacDonald und Paula von Rosthorn

Die Kaiserinwitwe wusste, dass die ausländischen Gesandten den Kaiser Guangxu als Reformer betrachteten und sie, die eigentliche Herrscherin, nur als reformfeindliche Tyrannin. Um diesen Eindruck zu verbessern beschloss sie, ihre ablehnende Haltung aufzugeben und den Fremden persönlich gegenüberzutreten. Als Prinz Heinrich von Preußen, der Bruder des deutschen Kaisers, um eine Audienz bat, wurde ihm diese am 15. Mai 1898 gewährt. Der Kaiser und die Kaiserinwitwe empfingen gemeinsam den Admiral der deutschen Flotte, und es war das erste Mal, dass Cixi einem westlichen „Barbaren" von Angesicht zu Angesicht gegenüberstand. R. Scidmore, die zum gleichen Zeitpunkt in Peking weilte, schrieb dazu Folgendes:

Prinz Heinrich von Preußen kam mit seiner furchtbaren Flotte und übernahm formell die Pacht über das Fürstentum Kiao-chau. Dann machte er den beraubten Landbesitzern in Peking seine Aufwartung. Der Kaiser empfing ihn in der Audienzhalle des Sommerpalastes, stehend, als gleichberechtigten Partner. Die konservativen Verhaltensweisen wurden gebrochen und die Kaiserinwitwe versteckte sich nicht hinter dem

gelben Vorhang, sondern zeigte sich ihm von Angesicht zu
Angesicht. Der Prinz machte den Vorschlag, die Damen des
diplomatischen Corps an den Hof einzuladen.[1]

Im November 1898 lud die Kaiserinwitwe Cixi die Gattinnen
der diplomatischen Vertreter anlässlich ihres 64. Geburtstages zu
einer Teegesellschaft in den Seepalast ein. Es würde das erste Mal
sein, dass ausländische Frauen die Gelegenheit hätten, den Hof zu
betreten, und deshalb herrschte große Aufregung. Sarah Conger,
die Gattin des amerikanischen Ministers, rief in ihrer Eigenschaft
als Rangälteste alle geladenen Damen zusammen und hielt eine
Generalprobe des Besuchs ab. Lady S. Townley berichtete:

Mrs. Conger war recht aufgeregt angesichts des morgigen
Treffens. Sie bat uns alle, vor Ihrer Majestät einen Hofknicks
zu machen, und empfahl uns dringendst, weiße bestickte
Unterröcke zu tragen, so dass, im Falle eines Stolperns
während des Knickses, kein unsittliches Zurschaustellen
bestrumpfter Beine die Empfindlichkeiten der anwesenden
chinesischen Würdenträger verletzen würde.[2]

Sarah Conger selbst schilderte den denkwürdigen Tag, an
dem die Damen um zehn Uhr am Vormittag abgeholt wurden:

Wir bildeten eine ansehnliche Prozession mit unseren zwölf
Sänften und sechzig Trägern... Als wir das erste Tor des
Seepalastes erreichten, mussten wir unsere Sänften, Träger,
Burschen, Begleiter zurücklassen – alles. Hinter dem Tor
standen sieben rot gepolsterte Hofsänften in einer Reihe,
jede mit sechs Eunuchen als Trägern, und viele Begleiter.
Wir wurden zu einem anderen Tor getragen, hinter dem ein

eleganter Eisenbahnwagen stand, ein Geschenk Frankreichs an China. Wir stiegen hinein, und schwarz gekleidete Eunuchen zogen und schoben ihn zu einem anderen Halteplatz, wo wir von vielen Beamten empfangen und mit Tee bewirtet wurden... Dann führte man uns in den Audienzsaal des Kaisers und der Kaiserinwitwe. Aufgereiht nach unserem Rang (wer am längsten in Peking war) verneigten wir uns. Nach einem kurzen Grußwort wurden alle Damen einzeln zum Thron begleitet, wo sie sich vor dem Kaiser, der jeder die Hand reichte, verbeugten und einen Knicks machten. Dann traten wir alle vor Ihre Majestät und verneigten uns mit einem tiefen leichten Knicks. Sie streckte beide Hände aus, und wir gingen auf sie zu. Mit ein paar Grußworten nahm Ihre Majestät unsere Hände und streifte jeder Dame einen schweren, mit einer großen Perle besetzten Ring aus getriebenem Gold über den Finger.[3]

Anschließend erhielten die Damen eine Führung durch verschiedene Paläste und wohnten einer Opernaufführung bei. Schließlich wurde im Bankettsaal zum Essen geladen. Lady Townley erinnerte sich:

Nun waren wir eingeladen unseren Hunger zu stillen. Die Kaiserinwitwe ging mit gutem Beispiel voran, indem sie mehrere Schüsseln Reis und Milch zu sich nahm. Sie aß aus kaiserlich gelbem Porzellan, während unseres gelb mit grünen und schwarzen Drachen verziert war. Dass die Kaiserinwitwe mit uns aß, war ein Zeichen besonderer Wertschätzung, denn normalerweise aß sie stets alleine. Unnötig zu betonen, dass wir nicht viel von den chinesischen Speisen verzehrten, aber wir rauchten nach dem Essen alle Zigaretten, Kaiserinwitwe und Kaiser ebenso.[4]

Paula von Rosthorn, die junge Gattin des österreichischen Ministers Arthur von Rosthorn, war dagegen von dem außergewöhnlichen Mahl sehr beeindruckt:

Das Essen dauerte mehrere Stunden und bestand aus den raffiniertesten Gerichten der chinesischen Küche. Es gab Suppen, Fleisch, Geflügel und Gemüse jeder Art und Form, alles auf kleinen Schüsselchen hingestellt, für jede Person schon klein vorgeschnitten; natürlich auch die berühmten Schwalbennester, ein nicht unappetitliches Gericht, das wie weißliche Gelatine aussieht – Haifischflossen und Seegurken, aber auch ein Ragout, das aus Entenzungen bestand; für jede der Damen – und wir waren über vierzig bei Tisch – wurde ein Schüsselchen hingestellt, das ungefähr zwanzig Entenzungen enthielt, man kann sich vorstellen, welches Massaker da unter dem armen Entenvolk angerichtet worden war. Es waren vielleicht hundert Speisen, die nacheinander aufgetragen wurden; vieles schmeckte recht gut, anderes, besonders die mit Rizinusöl gebackenen Mehlspeisen, musste man vermeiden; bei der Reichhaltigkeit des Menüs konnte man ohnedies nicht alles kosten...

Während der Tafel war es mit der Unterhaltung nicht gut bestellt. Meine paar Brocken Kuli-Chinesisch, die ich im Haushalt verwendete, kamen mir sehr zugute, sodass ich mit den beiden Prinzessinnen, die neben mir saßen, doch

eine kümmerliche Konversation führen konnte. Die fiel der
Kaiserin auf... Sie setzte sich neben mich und legte mir selbst
die Speisen vor. Dabei zog sie ihre eigenen Essstäbchen durch
die Lippen, um mir zu zeigen, dass sie rein seien, und steckte
mir damit höchstpersönlich einige Bissen in den Mund.[5]

Cixi mit Sarah Conger und Damen der amerikanischen Gesandtschaft

Sarah Conger, die auf Fotos immer streng dreinblickte,
schwärmte nach der Begegnung mit Cixi:

Nach diesem wunderbaren Traumtag, der für uns alle so
vollkommen unwirklich war, kehrten wir nach Hause zurück,

erfüllt von Neuem und von Schönheit... Man bedenke nur!
Nach Jahrhunderten, in denen alle Türen verschlossen
waren, hat China sie nun weit geöffnet! Keine ausländische
Dame hat die Herrscher Chinas jemals zuvor gesehen, und
kein chinesischer Herrscher hat jemals eine ausländische
Dame gesehen. Wir kehrten in die britische Gesandtschaft
zurück und versammelten uns in fröhlicher Stimmung für ein
Bild, das einen höchst ungewöhnlichen Tag festhalten sollte
– einen Tag von historischer Bedeutung. Der 13. Dezember
1898 ist ein großer Tag für China und für die Welt.[7]

Alle Herren, welche die Damen begleitet hatten, waren
ebenfalls tief beeindruckt. Lady MacDonald erzählte von Henry
Cockburn, einem langjährigem Sekretär bei der britischen
Gesandtschaft:

„Vor unserem Besuch entsprach seine Ansicht von der
Kaiserinwitwe dem, was ich als allgemein akzeptierte Mei-
nung bezeichnen möchte. Bei seiner Rückkehr erklärte er,
alle seine vorgefassten Meinungen seien durch das, was er
gesehen und gehört habe, umgestoßen worden, und er fasste
ihren Charakter in den vier Worten zusammen: an Schwäche
grenzende Liebenswürdigkeit.

und ihr Ehemann, Sir Claude, berichtete nach London:

„Die Kaiserinwitwe machte mit ihrer Höflichkeit und
Liebenswürdigkeit einen denkbar günstigen Eindruck. Wer
in der Erwartung in den Palast gegangen war, eine kalte,
hochmütige Person mit herrischem Gebaren anzutreffen, war
angenehm überrascht, in Ihrer Majestät eine freundliche und

zuvorkommende Gastgeberin zu finden, die den Takt und die Sanftmut eines weiblichen Naturells an den Tag legte. "[8]

Unter anderem nahm er in einem Schreiben an Lord Salisbury Bezug auf dieses Treffen:

Es ist ein weiterer Schritt in der Annäherung der Beziehungen zwischen China und den ausländischen Nationen. Ich wage zu denken, dass diese Angelegenheit einen sehr guten Effekt erzielt, indem sie der Welt ein besseres Bild von der Persönlichkeit und dem Charakter der Kaiserinwitwe zeichnet. Ihre Majestät wird in der Presse bösartiger Beschimpfung ausgesetzt und als tollwütige Fremdenhasserin dargestellt.[9]

Lady Susan traf die Kaiserinwitwe zufällig wieder, als sie sich auf Einladung von Yuan Shi-kai, dem Vizekönig von Chihli (später der 1. Präsident der Republik China), in Paoting Fu aufhielt. In dieser Stadt, sieben Stunden Eisenbahnfahrt von Peking entfernt, machten die Kaiserinwitwe, der Kaiser und der ganze Hofstaat genau zu dieser Zeit Station. Sie waren auf dem Rückweg von den westlichen Gräbern, wo sie die jährlichen Opferzeremonien für die verstorbenen Kaiser abgehalten hatten. Als Cixi erfuhr, dass Lady Susan sich in der Stadt aufhielt, lud sie diese zu einer privaten Audienz ein. Lady Susan verbrachte daher eine Teestunde mit der Herrscherin und durfte sie anschließend auf einem Spaziergang durch einen kunstvoll gestalteten Garten begleiten. Unterwegs bot die Kaiserinwitwe ihr den Arm an und amüsierte sich über den Größenunterschied, reichte sie der Britin doch nur bis zur Schulter. Nach einer weiteren Teepause kehrte Lady Susan in ihr Quartier zurück und war nicht wenig erstaunt, als ihr die Kaiserinwitwe für die Rückkehr nach Peking großzügig den luxuriösen kaiserlichen Sonderzug zur Verfügung stellte. Cixi hatte Gefallen an der Engländerin gefunden, denn nach dieser Begegnung besuchte Lady Susan, nur von einem Dolmetscher begleitet, die Kaiserinwitwe des Öfteren im Sommerpalast. Die Gespräche der Damen drehten sich bei diesen Treffen hauptsächlich um Mode, Kosmetik und das Leben westlicher Frauen. Sobald die Kaiserinwitwe an Lady Susan etwas entdeckte, was ihr gefiel, fühlte diese sich verpflichtet, es ihr zu schenken. So musste sie sich unter anderem von einem wertvollen Spitzenfächer und von ihrem Lieblingszigarettenetui trennen. Im Gegenzug war die Herrscherin sehr großzügig. Lady Susan erhielt einen von Cixi selbst bemalten Fächer mit einem speziell für sie geschriebenen Gedicht. Ein ganz außergewöhnliches Geschenk waren Cixis eigene, mit Silber verzierte Essstäbchen und ein Set des kaiserlich gelben Essgeschirrs, das sie zu ihren Mahlzeiten benutzte. Hier handelte die Kaiserinwitwe entgegen aller Etikette, denn nach altem Brauch wurden nach dem Tod des Herrschers all seine persönlichen Gegenstände zerstört, da sie von niemand anderem berührt werden durften. – Lady Susan, die nur die Freundlichkeit und Großzügigkeit Cixis kennenlernte, war immer wieder erstaunt darüber,

> *dass die freundliche kleine Frau mit dem braunen Gesicht einer netten italienischen Bäuerin, die mysteriöse und machtvolle Autokratin ist, die die Geschicke des größten Kaiserreichs der Welt lenkt, die Tyrannin ist, welche bewusst den unglücklichen Kaiser erniedrigt und die Boxer anstachelt.“*[10]

10. Die Boxer (1895-1900)

Unruhe im Reich der Mitte

Während sich Cixi um eine Annäherung an die Fremden bemühte, führte die reaktionäre Politik der Regierung im ganzen Land zu Volksaufständen, die von verschiedenen Geheimgesellschaften initiiert wurden. Die Europäer, Angriffsziel der Rebellen, fassten alle Revolten unter dem Begriff „Boxeraufstand" zusammen. Die größte Geheimgesellschaft trug den Namen „Faustkämpfer für Recht und Einigkeit". Ihre Anhänger waren einfache Männer vom Land, deren Hunger die Wut auf die Fremden im Reich der Mitte angefacht hatte. Auslöser der Revolte war ursprünglich ein Naturereignis. Im Frühjahr 1898 war in der Provinz Shandong der Gelbe Fluss über die Ufer getreten und hatte Felder und Dörfer verschluckt. Dann brannte die Sonne auf die verwüstete Landschaft und mit heißen Winden stob eine surrende Wolke heran – Heuschrecken! Diese Katastrophen verursachten eine große Hungersnot im folgenden Herbst und Winter 1899. Gleichzeitig regte sich in der Bevölkerung Unwillen gegen die Machenschaften der immer rücksichtsloser agierenden Europäer. Diese pflügten auf der Suche nach Kohle und Erzen die Erde um, ihre Dampfschiffe wühlten die Flüsse auf, ihre Telegraphendrähte zerschnitten die Lüfte, und die neu verlegten Eisenbahnschienen verletzten den Boden. Da es in China Brauch war, die verstorbenen Angehörigen an Orten nach eigenem Belieben zu begraben, zum Beispiel am Rande ihrer Felder, war es den Eisenbahnbauern gar nicht möglich, Trassen anzulegen, ohne Gräber zu schänden. Ein solch rücksichtsloses Vorgehen galt in einem Land, in dem die Ahnen abgöttisch verehrt wurden, in den Augen der Bevölkerung als ein Sakrileg, das nicht gesteigert werden konnte. Die Befestigung der Bahnschienen mit Nägeln barg zudem die Gefahr einer Verletzung der unterirdischen Drachen. So zerstörten die Fremden allerorts die Harmonie zwischen Himmel und Erde und erzürnten die Geister. Die Menschen munkelten, über der eisernen Schlange (dem Telegrafendraht) sei das Winseln der Geister zu hören, deren Qual so groß sei, dass Blut (vom Rost der Drähte geröteter Regen) vom Himmel tropfe. Im einfachen Volk wurden die Fremden als Teufel angesehen, welche die Abbilder ihres Buddha auf Holzkreuze nagelten.

Was aber wirklich lebensbedrohend war: Jedes Stück Schiene machte ein Heer von Lastenschleppern, Sänftenträgern, Karrenschiebern, Pferde- und Wagenknechten, Herbergsdienern und Bootslenkern arbeitslos. Genau wie ihre Väter und Vorväter waren die jungen Männer früher auch in diesen Berufen tätig. Als jedoch innerhalb von wenigen Jahren das von den Europäern angelegte Schienennetz immer dichter wurde und sich der Güter- und Transportverkehr zunehmend von den Straßen und Wasserwegen auf die Schiene verlagerte, fanden die Männer keine Arbeit mehr und die Familien hungerten.[1] So sahen die Aufständischen in den Aktivitäten der Fremden den eigentlichen Grund für ihre missliche Lage und begannen die Eisenbahnlinien zu zerstören.

Boxer beim Zerstören der Bahngleise [2]

Arme Bauern und arbeitslose Kulis fanden Halt in „Der Gesellschaft für Rechtschaffenheit und Harmonie", einer Vereinigung, von der niemand wusste, wer sie gegründet hatte. Man nahm an, dass sie sich auf eine halbreligiöse Gesellschaft aus dem Jahre 1700 gründete, die damals als *I Ho Ch'uan* – „Gesellschaft der harmonischen Fäuste" bekannt war. Ihre Mitglieder, die „Geisterboxer" behaupteten, dass göttlicher Schutz und besondere Rituale sie unverletzbar machten. Sie schluckten Amulette und hielten Zeremonien ab, die sie angeblich gegen Gewehrkugeln schützten. Auch im Kaiserpalast boten sie Cixi diese Vorstellung:

Eine Reihe Boxer stellte sich an einer Wand auf, während die Gewehre, alte Vorderlader, vor ihren Augen sorgsam geladen wurden. Das Pulver wurde eingefüllt, gut wattiert, und dann folgten die Bleikugeln. Nachdem die Boxer die Gewehre theatralisch in der Luft geschwungen hatten, legten sie an und feuerten. Zweifellos wurden einige Männer von der Ladung getroffen, die zu Boden fiel, aber sie blieben unverletzt. (Die einzig glaubhafte Erklärung für dieses Wunder ist: Wenn die Bleikugeln geladen waren, wurde kein Füllmaterial zugegeben und beim Herumschwenken der Gewehre vor dem Schießen, ließ man die Kugeln aus der Mündung fallen. Auf diese Weise wurden die Männer nur von dem Füllpapier getroffen.[3]

Solche Darbietung überzeugte viele Zuschauer davon, dass die Boxer wirklich von den Göttern beschützt wurden und ausländische Gewehre ihnen nichts anhaben konnten. Inwieweit die abergläubische Cixi sich beeindrucken ließ, ist nicht bekannt.

Was das Weiterleben der Boxer garantierte, waren gelbe Zettel mit roten Schriftzeichen, die sie immer bei sich trugen. Darauf stand zu lesen: „Der Inhaber ist unverwundbar!" Wurde ein Boxer im Kampf dennoch getötet, erzählten die Anführer ihren Gefolgsleuten, die Gefallenen würden nach Stunden wieder auferstehen; später verlängerten sie die Frist der Auferstehung auf drei, schließlich auf acht Tage. Blieb der Mann weiterhin tot, so galt dies als Beweis dafür, dass dieser nicht von ganzem Herzen „Faustkämpfer für Recht und Einigkeit" gewesen sei und dafür mit dem Tode bestraft wurde. Vorführungen ihrer Kampfeskunst nutzten die Boxer zum Anwerben junger Männer. Ihr Slogan lautete: „Unterstützt die Qing und vernichtet die Ausländer!" Plakate machten ihre Intentionen deutlich:

Reißt die Bahngleise heraus!
Reißt die Telegrafendrähte herunter!
Schnell! Beeilt euch! Macht sie fertig!
Wenn schließlich alle ausländischen Teufel
Bis auf den letzten Mann vertrieben sind,
Werden die Großen Qing, vereint, gemeinsam
Unserem Land den Frieden bringen.[4]

Von überall her schallte es: „Tod den fremden Teufeln!"
„Tötet die Barbaren!" „Freiheit für China!"[4] Unterstützt wurde
die „Gesellschaft der Großen Messer" auch von den Schamanen,
die das Ende der Welt prophezeiten, falls sich die Menschen nicht
gegen die Ursache aller Übel, nämlich die fremden Teufel und
ihre Religion erhöben. Da Missionare und Chinesen-Christen als
Verkörperung des verderblichen Einflusses galten, wurden sie ohne
Skrupel angegriffen und getötet.

Die Missionare

Mit dem Friedensabkommen von 1860 war ausländischen
Missionaren erlaubt worden, tief in das Innere von China
vorzudringen, um dort zu missionieren. Und so gab es Ende des
19. Jahrhunderts über 700.000 Katholiken, die von mehr als 850
Nonnen und Priestern, größtenteils aus Frankreich, betreut wurden.
Auch lebten über das ganze Reich verstreut ungefähr 85.000
protestantische Christen unter der strengen Führung von etwa
2800 Missionaren, hauptsächlich Briten und Amerikanern. Die

Missionare machten zu jener Zeit ein Viertel der Ausländerkolonie aus und waren diejenigen Leute aus dem Westen, mit denen der Durchschnittschinese am ehesten in Berührung kam.[5] Sergeant beschreibt die Geisteshaltung der Chinesen folgendermaßen: Was den Glauben anbelangt, so erschien das chinesische Volk von jeher als eines der tolerantesten der Welt. Die oberen Schichten waren durchdrungen vom Konfuzianismus, und das gemeine Volk war so abergläubisch, dass es die Türen seines Pantheons für jeden Gott geöffnet hielt, der keinen Krieg mit den Nachbarn führte. Drei Glaubensbekenntnisse hatten zwei Jahrtausende lang fast immer friedlich nebeneinander existiert. Die Konfuzianer verfolgten nicht die Buddhisten, die Buddhisten nicht die Taoisten und in bestimmten Gebieten wurden auch die Mohammedaner toleriert. Wie kam es dann, dass die Mitglieder all dieser unterschiedlichen Glaubensrichtungen sich gegen das Christentum wandten? Es lag daran, dass die Missionare nicht bereit waren, die in China bestehenden Glaubensrichtungen zu tolerieren. Mit ihren Doktrinen wandten sie sich gegen fundamentale Anschauungen und Lebensweisen der Menschen, in deren Land sie ungerufen eingedrungen waren.[6] Den einfachen Leuten bereitete das Fremde Unbehagen, denn es machten unglaubliche Gerüchte die Runde. In den Dörfern wurde gemunkelt, die Ausländer fingen chinesische Kinder und stächen ihnen die Augen aus, um daraus Medizin herzustellen. Hussey berichtet, wie es dazu kommen konnte:

Kurz nach dem Vertrag von 1860 bauten Jesuiten in Tientsin eine Kathedrale, und der Orden der Barmherzigen Schwestern errichtete ein Waisenhaus mit Schule. Die frommen Schwestern gingen ruhig ihrem Tagewerk nach, und niemand hätte ihnen etwas Böses nachsagen können. Nun erschienen anfangs nur wenige Waisenkinder in dieser neuen Institution und die Schwestern, in guter Absicht, aber mit wenig weltlicher Erfahrung, boten jedem, der ihnen ein Waisenkind bringen würde, eine Belohnung von zwei Dollar an. Das hatte den gewünschten Erfolg: bald gab es eine Flut von Babies. Aber unglücklicherweise löste dieses Angebot eine Welle von Kindesentführungen aus, was in einem Land wie China, wo Kinder als höchstes Gut angesehen wurden, großen Unmut auslöste. Die Situation verschlimmerte sich noch, als eine Epidemie ausbrach und viele der Kinder starben. In dem Versuch, die Ursache zu ergründen, wurden Autopsien vorgenommen und aus den Körpern Organe zu weiteren Studien entfernt. Die chinesischen Diener beobachteten das Geschehen und erzählten davon in der Stadt. Da öffnete man die Gräber kürzlich verstorbener Kinder und entdeckte, dass einige Organe fehlten. Nun lag die Vermutung nahe, dass die Fremden aus den Organen Medizin herstellten, genauso wie es chinesische Ärzte mit Tierorganen praktizierten.[7]

Von nun an war man auf der Hut: Sobald ein Fremder in Sicht kam, verschwanden die Kleinen. Weitere Verdrossenheit bei den Einheimischen entstand durch die Missachtung chinesischer Traditionen. Unbesonnen errichteten Missionare ihre Kirchen mit den hohen Türmen auf Grundstücken, ohne das Feng Shui zu beachten und ignorierten dadurch Jahrtausende alte chinesische Gepflogenheiten. Die Konvertiten waren verhasst, denn ihre neue

Religion schloss sie von der Teilnahme an Zeremonien und Festen in ihren Dörfern aus, und dadurch beteiligten sie sich auch nicht mehr an den Gemeinschaftskosten. Die Ausgeschlossenen, welche zum größten Teil aus den ärmeren Schichten stammten, nannte man abschätzig „Reis-Christen", weil man annahm, sie seien nur konvertiert, um ihre Mägen zu füllen. Am unverständlichsten war jedoch, dass den neuen Christen verboten wurde, dem Ahnenkult anzuhängen, der ein grundlegender und integraler Bestandteil des chinesischen Lebens war. Die verunsicherten, hungernden Menschen machten schließlich die Missionare und ihre christlichen Konvertiten für ihre missliche Lage verantwortlich und trachteten ihnen nach dem Leben. Eines der Opfer war **Sidney Brooks**. Am 2. Januar 1900 erhielten die Ausländer in Peking die Nachricht vom Tode des englischen Geistlichen. Sidney Brooks war am letzten Tag des alten Jahrhunderts von einer Bande Chinesen in der Provinz Shandong überfallen und getötet worden. Man hatte seinen Kopf und die Gliedmasen abgesägt und den nackten Rumpf in die Gosse geworfen. Von nun an fürchteten die Menschen im Diplomatenviertel in Peking, dass der Mord an dem Missionar mehr war als nur ein räuberischer Akt, und diese Ahnung sollte sich bald bewahrheiten. Im April 1900 tauchten in Peking plötzlich junge Männer auf, die allesamt aussahen, als entstammten sie einer Opernaufführung. Rote Tücher schlangen sich um ihre Köpfe, rote Gürtel um ihre Gewänder und rote Bänder schmückten Hand- und Fußgelenke. Da sie auf Plätzen und vor Tempeln Schattenboxen übten, nannte man sie kurzerhand „Boxer".

Bereit zum Kampf!

Cixi und die Boxer

Cixi hatte schon vor geraumer Zeit Prinz Kung gebeten, ihr
etwas über die Missionare zu erzählen.

*Während Xianfeng sich nicht wohl fühlt, dahin dämmert und
schließlich einschläft, nimmt Cixi all ihren Mut zusammen
und fragt den Prinzen: „Verehrter Sechster Bruder, ich
möchte Euch bitten, mir zu erklären, was es mit dem Tod
der Missionare auf sich hat." Prinz Kung überlegt kurz und*

antwortet dann mit einem Sprichwort: „Ein langer Eiszapfen entsteht nicht, wenn es eine Nacht lang schneit."Der Ursprung dieser Ereignisse liegt schon in der Regierungszeit von Kaiser Kangxi (1661-1722). Kaiser Kangxi regierte länger als jeder andere chinesische Herrscher und zeigte sich dabei auf Frieden bedacht und weltoffen. In seinem Abschiedsedikt heißt es unter anderem:

„Seid nett zu Menschen von weit her und haltet die Begabten in eurer Nähe!"Er selbst hat es so in seiner Regierungszeit gehalten. Der erste Europäer, der die Verbotene Stadt in Peking betrat, war der Jesuitenpriester Matteo Ricci. Dieser intelligente, studierte Mann hatte früh bemerkt, dass er in China nur anerkannt werden würde, wenn er sich mit den Noblen auf Augenhöhe messen könnte, und so lernte er die Sprache und studierte die Klassiker. Sein Wissen in Mathematik, Geographie, Astronomie und Musik verschafften ihm Anerkennung, und er wurde zu Hofe gerufen, um die Eunuchen zu unterrichten. Seine Arbeit wurde von den Jesuiten Adam Schall von Bell und John Schreck fortgeführt, die 1622 in Peking eintrafen und das erste Teleskop, das je in China gesehen wurde, mitbrachten. Ihr astronomisches Wissen beeindruckte den Hof sehr, und nachdem sie die Eklipse genauer bestimmen konnten als die Chinesen, erhielten sie vom Kaiser den Auftrag, den Kalender zu reformieren. Als das erfolgreich geschehen war, berief der Kaiser Schall von Bell zum militärischen Berater und dieser half Waffen zu entwickeln, mit denen ein Bauernaufstand niedergeschlagen werden konnte.

Als die Große Kaiserin Hsiao Chuang schon im Herbst ihres Lebens war, machte sie am Hof die Bekanntschaft von Johann Adam Schall von Bell, diesem interessanten Europäer. Er brachte ihre Majestät dazu, zum Katholizismus zu konvertieren, und zwar aus folgendem Grund: Eines Tages verkündete ihr der Fremde, dass ihr Sohn Prinz Shih Chung den Thron besteigen würde, während die anderen Söhne des Kaisers an Pocken sterben würden. Natürlich wusste damals niemand, was Pocken waren, und so schenkte man Schall keinen Glauben. Als jedoch einige Jahre später Shih Chungs Bruder Shih Tsu an Pocken erkrankte und daran starb, nahm die Kaiserin an, Schall von Bell habe eine besondere Verbindung zum Universum; sie bat zu seiner Religion konvertieren zu dürfen. Sie wurde eine glühende Anhängerin und hieß fremde Missionare willkommen.

Cixi fragt: „Und begannen die Unruhen, als die Missionare Kirchen bauten?"

„Ja, denn die Fremden bauten ihre Gotteshäuser an Stellen, die für die Dorfbewohner heilig waren. Die Dörfler glaubten, die Kirchen mit ihren hohen Türmen würfen Schatten auf die Gräber ihrer Ahnen und würden die Ruhe der Toten stören. Gleichzeitig behaupteten die Fremden, dass ihr Gott der einzige Gott sei, was die Chinesen nicht akzeptieren konnten. Und so entstanden Kämpfe zwischen den neu Konvertierten und denen, die an dem alten Glauben festhielten. Das endete im Töten der Missionare und dem Niederbrennen der Kirchen." [8]

Cixi, eine gläubige Buddhistin, konnte die Abneigung ihrer Landsleute gegen die Christen verstehen und gewissermaßen auch das Verhalten der Boxer. Sie selbst hegte ihren eigenen Groll gegen die Fremdlinge in ihrem Land, denn sie hatte keineswegs vergessen, dass ihr geliebter Sommerpalast 1860 von Engländern und Franzosen geplündert und niedergebrannt worden war. Außerdem waren viele Menschen erzürnt, weil der Konflikt mit den Ausländern bezüglich des Sklavenhandels nicht gelöst wurde. Dabei ging es um Folgendes:

Der Bedarf an billigen Arbeitskräften auf Kuba, in den USA, auf den Plantagen der Karibikinseln, in den Goldminen von Australien und in Afrika war sehr groß, und deshalb wurde die Verschiffung von Menschen dorthin ein lukratives Geschäft. Theoretisch sollten die Arbeiter Freiwillige sein und vier Dollar Lohn im Monat verdienen, als sich aber nicht genügend Männer meldeten, mussten andere Mittel eingesetzt werden. In kürzester Zeit nahmen Entführungen im Süden Chinas dramatisch zu. Kein Chinese konnte sich mehr auf der Straße blicken lassen, sogar tagsüber, ohne Gefahr zu laufen, gefangen und von Agenten verkauft zu werden. Vor der Küste lagen zuweilen fünf bis sechs ausländische Frachter, die gefüllt werden mussten. Sobald die Gefangenen an Bord waren, verschwanden sie meist und niemand hörte jemals wieder etwas von ihnen. Die Bevölkerung der Küstenregionen war empört über diesen Frevel, denn nicht nur wurden Familien auseinandergerissen, auch die Seelen der Verschwundenen würden niemals ihre Ruhe finden.

In der augenblicklichen schwierigen Situation glaubte die Regentin, dass die Boxer ihr helfen könnten, die verhassten Eindringlinge aus China zu vertreiben, und dass dann wieder Frieden im Land einkehren würde. Dies war der größte Fehler der Kaiserinwitwe während all der langen Jahre ihrer Regierungszeit. Cixi drückte angesichts des mörderischen Treibens der Boxer beide Augen zu und gewährte ihnen sogar offiziell ihre Unterstützung. Als ihr gefälschte Geheiminformationen zugespielt wurden, in denen behauptet wurde, dass europäische Staaten anstrebten, dem entmachteten Kaiser Guangxu an ihrer Stelle die Regierungsgewalt zu übergeben, stellte sie sich offiziell auf die Seite der Rebellen. Sie erklärte den Geheimbund zum loyalen Diener des Drachenthrones und ernannte den fremdenfeindlichen Prinzen Tuan, der als äußerst brutal und dumm galt, zum Präsidenten des Zongli Yamen, jener chinesischen Gesandtschaft, die für die Angelegenheiten der fremden Mächte zuständig war. Die Kaiserinwitwe ging sogar noch weiter, indem sie aus ihrem Privatvermögen für jeden getöteten Ausländer eine Kopfprämie aussetzte und die wichtigsten Führer der Antiboxerpartei köpfen ließ. Den ausländischen Gesandten ließ sie eine Mitteilung zukommen, dass sie leider nicht mehr für ihre Sicherheit garantieren könne, und riet ihnen, vorsichtshalber mit sämtlichen Familienangehörigen aus Peking nach Tientsin zu reisen.[9]

11. Ein heißer Sommer

Eine wichtige Persönlichkeit in den Auseinandersetzungen zwischen dem Hof, den Boxern und den Alliierten war der Deutsche **Freiherr Clemens von Ketteler.** Freiherr von Ketteler hatte mehr Erfahrung mit chinesischen Aufständen als die meisten anderen Gesandten. Für seinen Einsatz während der Unruhen in Kanton im Jahre 1888 war er sowohl von der deutschen als auch von der chinesischen Regierung ausgezeichnet worden. Damals hatte er mit der Unterstützung einiger weniger deutscher Zivilisten ein Haus voller Frauen und Kinder verteidigt.

Sein Verhalten im Sommer 1900 war weniger ehrenwert. Am 13. Juni ging der siebenundvierzigjährige Baron Freiherr von Ketteler über die Gesandtschaftsstraße. Da begegnete er einem Karren mit Verdeck, der von einem Maultier gezogen wurde. Ein auffällig gekleideter Mann saß lässig auf dem Bock. Das Haar war mit einem roten Tuch aus der Stirn gebunden, um seine Handgelenke und Fußknöchel trug er rote Bänder, und ein flammend roter Gürtel hielt sein weites weißes Gewand zusammen. Er wetzte ein langes Tranchiermesser an seinem Stiefel und starrte herausfordernd in die Gegend. Das freche Gebaren ging dem hitzigen Teutonen zu weit. Freiherr von Ketteler, der deutsche Gesandte, wurde so wütend, dass er auf die Straße eilte, den Boxer mit seinem bleibeschwerten Spazierstock angriff und ihm diesen über den Kopf schlug. Dem Mann gelang es, sich in einen Durchgang zu ducken, aber von Ketteler entdeckte, in dem Karren versteckt, noch einen Jungen von zehn oder elf Jahren, der auf gleiche Weise gekleidet war. Wütend zerrte er den Jungen heraus, verabreichte auch ihm eine Tracht Prügel mit seinem Stock und schleppte dann den benommenen Knaben in die deutsche Botschaft, wo er im Keller eingesperrt wurde. Als offizielle chinesische Behörden seine Herausgabe verlangten, hieß es „auf der Flucht erschossen" – Aufgebracht über Baron von Kettelers grundlose Tätlichkeit gegen den Mann und die Misshandlung und Entführung des Kindes, ließen Tausende von Chinesen, unter ihnen auch Boxer und Krieger der chinesischen Armee vom 13. bis 16. Juni ihrem Zorn freien Lauf. Laute Schreie verbreiteten Furcht und Schrecken.„Sha!-Sha!" „Tod-Tod"

Weite Teile von Pekings Tatarenstadt und ein großer Teil der an das Gesandtschaftsviertel angrenzenden Chinesenstadt wurden Schauplatz von Ausschreitungen, Plünderungen und Brandstiftungen. Auch die verlassenen Zollgebäude und das vor kurzem geräumte Haus von Sir Robert Hart, dem langjährigen britischen Diener Chinas, und sein Garten wurden niedergebrannt, dabei vernichtete das Feuer einen Großteil von Harts wertvollen Büchern und Papieren. In dieser aufgeheizten Atmosphäre erhielt der deutsche Gesandte ein offizielles Ultimatum: Binnen 24 Stunden sollte Ketteler zusammen mit seinen Botschaftskollegen aus Großbritannien, Frankreich, den USA und den anderen Staaten die Stadt verlassen. Der Anlass war denkbar ernst. Wenige Tage zuvor hatten Truppen dieser Länder ohne Kriegserklärung chinesische Festungen angegriffen und erobert. Die Gesandten wussten nicht, wie sie sich verhalten sollten, und baten um eine Aussprache im Zongli Yamen (Auswärtiges Amt)[1], doch sie warteten vergeblich auf Nachricht. Freiherr von Ketteler verlor unterdessen die Geduld und verkündete seine Absicht, persönlich zum Yamen zu gehen und notfalls die ganze Nacht dort zu bleiben. Monsieur Pichon, der französische Botschafter, machte ihn pflichtschuldigst auf das persönliche Risiko aufmerksam. Von Ketteler jedoch tat den Gedanken an eine Eskorte verächtlich ab und wies darauf hin, dass er erst am Tag zuvor seinen Sekretär und Dolmetscher Heinrich Cordes zum Zongli Yamen geschickt hatte und dass dieser völlig unversehrt zurückgekehrt war. Er würde nun zusammen mit Cordes zum Zongli Yamen zu fahren.

Kurze Zeit später wurden zwei imposante Sänften aus der deutschen Gesandtschaft herausgetragen. Die grüne und rote Farbe der Dachbespannung verriet, dass es sich bei den Insassen um bedeutende Persönlichkeiten handelte; auch die livrierten Reiter, die neben ihnen her trotteten, signalisierten dies. In den Straßen war es ungewöhnlich still – die üblichen drängenden und lärmenden Massen waren verschwunden, kein überladener Karren, von Menschen oder von Maultieren und Eseln gezogen, war zu sehen. Es gab keinen Fußgänger und keinen Lastkarren mit wild schreienden Fuhrknechten, keine gemächlich dahinziehenden Kamelkarawanen oder tänzelnden Maultiere mit klingenden Glöckchen und eleganten Reitern. Von Ketteler bemerkte dies alles wahrscheinlich nicht. Nachdem er beschlossen hatte, Cordes zu begleiten, hatte er sich mit einer feinen Zigarre und einem guten Buch ausgestattet, denn er machte sich auf stundenlanges Warten in Zongli Yamen gefasst und war entschlossen, sich nicht zu langweilen. Er gab sich so entspannt wie ein Mann, der zu einem

Picknick aufbricht, doch eine halbe Stunde später war von Ketteler tot. Cordes veröffentlichte zu dem Hergang folgenden Bericht in der Londoner Times:

Ich sah einen Wagen mit einigen Lanzenträgern vor der Sänfte des Gesandten fahren, als ich plötzlich etwas bemerkte, was mein Herz zum Stehen brachte. Die Sänfte des Gesandten befand sich nur drei Schritte vor mir. Und da sah ich, wie ein Bannersoldat, offensichtlich ein Mandschu, in voller Uniform, mit dem Hut eines Mandarin und einem Knopf und einer blauen Feder, nach vorne trat, etwa einen Meter vom Fenster der Sänfte entfernt auf der Höhe sein Gewehr auf den Kopf des Gesandten richtete und abdrückte. Entsetzt rief ich: Halt! Im gleichen Augenblick krachte der Schuss, die Sänften wurden hingeworfen. Ich sprang auf. Ein Schuss traf mich in den unteren Teil meines Körpers. Weitere Schüsse wurden auf mich abgegeben. Ich sah die Sänfte des Gesandten da stehen, aber es bewegte sich nichts... Ich versichere, dass es sich bei der Ermordung des deutschen Gesandten um einen geplanten, gut vorbereiteten Mord handelte, der auf Befehl hoher Regierungsbeamter von einem Angehörigen der kaiserlichen Bannertruppen ausgeführt wurde.[2]

Die Belagerung der Gesandtschaften

Von Kettelers Tod hatte auf jeden Fall eine sofortige Wirkung: Das Gerede vom Verlassen der Gesandtschaften verstummte schlagartig. Allein schon der Versuch wäre eindeutig

Selbstmord gewesen. In höchster Eile strömten Ausländer und chinesische Christen in das Pekinger Botschaftsviertel, um sich dort zu verschanzen. Schon am Nachmittag begann die Belagerung des Viertels durch Boxer und kaiserliche Soldaten, einen Tag später folgte die offizielle Kriegserklärung Chinas – unter anderem an die europäischen Mächte Deutschland, Großbritannien, Frankreich, aber auch gegen die USA und Japan. Ein kaiserliches Dekret unterstrich: „Die Fremden selbst sind es, die diesen Krieg vom Zaun gebrochen haben."

Im Gesandtschaftsviertel befanden sich zu diesem Zeitpunkt etwa viertausend Menschen aus achtzehn Ländern. Es war die kosmopolitischste Menschenmenge, die man sich vorstellen kann. Die Ausländergemeinde bestand aus 473 Zivilisten (245 Männer, 149 Frauen und 79 Kinder), dazu etwas mehr als 400 Angehörigen des Militärs. Genaue Schätzungen der Zahl der chinesischen Konvertiten variieren, aber es waren mindestens dreitausend, wahrscheinlich aber mehr. Fast alle ausländischen Frauen, Kinder und männlichen Nichtkombattanten drängten sich auf dem Areal der britischen Gesandtschaft zusammen, das normalerweise ungefähr sechzig Personen beherbergte. Sie mussten den knappen Raum noch mit einer Kuh, einer Reihe von Ponys und etlichen Maultieren teilen. Alles schien überzuquellen von Schrankkoffern voller Kleidung, Kisten mit Lebensmittelvorräten, Matratzen und Bettzeug. Varè beschrieb die Situation:

Die feuchte Hitze der Regenzeit, die Angst jedes einzelnen um sich und die anderen, Hunger und Darmkrankheiten, Fliegen, Moskitos, der Gestank verwesender Leichen im

*Niemandsland auf drei Seiten der belagerten Gesandtschaften
– die einzigen Straßenkehrer sind streunende Hunde –,
der Mangel an Medikamenten für die Verwundeten und
Kranken, der Mangel an Nachrichten über die Vorgänge in
der Außenwelt, von der Peking vollkommen abgeschnitten
ist: das sind einige Einzelheiten der Belagerung, von innen
gesehen. Aber das Ärgste ist der Hunger der kleinen Kinder,
für die keine geeignete Nahrung beschafft werden kann.*[3]

Varè erklärte weiter: China ist ein Land der Paradoxe, und
so kam es, dass die ausländischen Gesandten auch während der
Belagerung mit dem Tsungli Yamen korrespondierten und dass man
einander gegenseitig größter Hochachtung versicherte. Mehr als
einmal wurde den Gesandten freies Geleit nach Tientsin angeboten,
doch folgte diesen Angeboten meist schon nach wenigen Stunden ein
heftiger Angriff. Am 18. Juli erkundigte sich Prinz Ching nach dem
Befinden der ausländischen Gesandten und schickte ihnen am 20.
Juli im Namen der Kaiserin eine Wagenladung voll Wassermelonen,
Gurken, Kürbissen und einen Sack Mehl für jede Gesandtschaft.
Am 24. Juli setzten die Boxer die berühmte Han-lin Akademie in
Brand. Dieses Gebäude wurde auch der „Der Wald der zehntausend
Bleistifte" genannt, denn hier befand sich die älteste Bibliothek der
Welt mit einmalig wertvollen Manuskripten, die zum Teil mehr als
tausend Jahre alt waren. Die Boxer warfen brennende Holzscheite
durch zerbrochene Fenster und offene Türen und hofften, das
Feuer werde auf die Gebäude der britischen Gesandtschaft
übergreifen. Sie zerstörten damit die größten literarischen Schätze
des chinesischen Volkes, aber für die Ausländer wehte der Wind

günstig. Viele Stunden lang reichten endlose Reihen von Soldaten, Missionaren, Diplomaten, Damen, Ärzten, Kranken, Kindern und Dienstleuten einander Eimer um Eimer und Schüsseln voll Wasser, um das Holzwerk feucht zu halten und den Brand abzuwehren. So wurde das Gebäude der britischen Botschaft gerettet und bot für weitere drei Wochen Schutz – bis zum Ende der Belagerung.[4]

1. Die Befreiung

Am 14. August, um drei Uhr nachmittags, krochen englische Rajputs und Sikhs durch das Wassertor unter der Tatarenstadtmauer im westlichen Verteidigungsbereich der Gesandtschaften hindurch und die Belagerten stießen die Haupttore des Viertels auf, um die ankommenden Truppen in Empfang zu nehmen. Paula von Rosthorn, die junge Gattin des österreichischen Gesandten Arthur von Rosthorn, schrieb in ihrem Tagebuch:

Wir ergingen uns in Vermutungen über die Stärke des Widerstandes, den die Chinesen leisten würden, da wir doch noch ziemlich viele Truppen in Peking vermuteten. Wir waren darauf gefasst, noch 24 Stunden warten zu müssen, und waren daher ungemein erstaunt, als wir um zwei Uhr nachmittags auf einmal hörten, die Engländer wären bereits in der Stadt. Wir stürmten zur Brücke und sahen wirklich, wie sie in dem ausgetrockneten Kanal unterhalb der Stadtmauer, einer nach dem anderen, in unabsehbarer Reihe hereinkamen. Es waren Inder, Sikhs und Rajputs, lange schwarze Gestalten mit mächtigen Turbans, dazwischen englische Offiziere auf großen Pferden. [5]

Englische Truppen unter General Gaselee stießen als erste bis zum Gesandtschaftsviertel vor. Gaselee, der zweier amerikanischer Damen ansichtig wurde, die das Martyrium überstanden hatten, stimmte in die allgemeinen Tränen und den Freudentaumel ein und war so überwältigt, dass er eine von ihnen ehrfürchtig auf die Stirn küsste. Die Belagerung der Gesandtschaften war vorüber. In fünfundfünfzig Tagen waren sechsundsechzig Menschen getötet und hundertfünfzig verwundet worden. Bei diesen Toten wurden die chinesischen Christen, die sich auf der Seite der Europäer abgeplackt hatten, nicht mitgezählt.

Hier Sikhs beim Übersteigen der von den Boxern geräumten Stadtmauer.[6]

Die Flucht nach Xi'an (1900-1901)

Im Morgengrauen des 15. August 1900, als die Alliierten gegen die Tore der Verbotenen Stadt hämmerten, wusste Cixi, dass sie fliehen musste, und machte sich für die Flucht bereit. Sie entfernte die Nagelschilde von ihren Fingern und schnitt alle Nägel kurz. Dann zog sie eigenhändig Nadeln, Spangen und Anhänger aus ihrer Frisur und band das lange offene Haar mit einem Baumwolltuch hoch. Schließlich entledigte sie sich der seidenen Roben und schlüpfte in die einfache Tracht einer Bäuerin. Nachdem sie Li Lien-ying ihren Schmuck anvertraut hatte mit dem Auftrag, ihn in Brunnen zu versenken und in der entlegensten Ecke des Palastes zu vergraben, beorderte sie Kaiser Guangxu und Kaiserin Longyu zu sich. Auch sie mussten ihr Geschmeide ablegen und in einfache Kleidung schlüpfen. Mit auf die Flucht durften etwa ein Dutzend Prinzen, Prinzessinnen, sowie die kaiserliche Konkubine Jade. Die Perlen-Konkubine, geistessprühende und anmutige Lieblingsfrau des Kaisers, wollte Cixi nicht mitnehmen. Da warf sich die Konkubine vor der Kaiserinwitwe auf die Knie und flehte sie an, in der Hauptstadt zu bleiben und nicht vor den Ausländern zu fliehen. Die mutige junge Frau insistierte, durch eine Flucht werde der Dynastie eine nie vergehende Schmach angetan und das Reich in Gefahr gebracht. Cixi erkannte in der hartnäckigen Konkubine sich selbst als Zwanzigjährige wieder und hörte aus deren Worten jenen Stolz und jene Würde, die sie verloren hatte. Zornig rief sie den in der Nähe stehenden Eunuchen einen Befehl zu, der von den völlig Verängstigten sogleich ausgeführt wurde. Vor den Augen des Kaisers packte man die Frau, die er liebte, und brachte sie zu einem Brunnen im Nordosthof der Verbotenen Stadt. [7]

Reginald Johnston, der spätere Erzieher Pu Yis, hatte von Palasteunuchen das Geschehen anders gehört. Er berichtete:

Die Eunuchen betonten immer, dass sie das Ende der Perlenkonkubine nur vom Hörensagen kannten, keiner wollte persönlich etwas gesehen oder gehört haben. Aber es wurde gemunkelt: Die Kaiserinwitwe beantwortete die flehentlichen Bitten der Perlenkonkubine mit folgenden Worten: „Wir werden hier bleiben, wo wir sind, aber wir können nicht lebend in die Hände der westlichen Barbaren fallen. Da gibt es nur eine Lösung: du und ich, wir müssen beide sterben. Das ist einfach: Du gehst zuerst – ich verspreche, ich folge dir." Auf ein Zeichen ihrer Herrin ergriffen die Eunuchen die Konkubine und stießen sie in den Brunnen, wo sie ertrank – allein![8]

Der bewusste Brunnen befand sich hinter dem „Palast der Altersruhe", welcher seit 1889 als Cixis offizielle Residenz fungierte. Nach Johnstons Wissen wurde er seit dem traurigen Ereignis nie mehr benutzt.

Der kaiserliche Tross floh überstürzt mit Karren, Pferden und zu Fuß in Richtung Sommerpalast, wo Cixi anhalten ließ, um allein Abschied zu nehmen. Anschließend ging die Reise weiter nach Westen ins Landesinnere durch eine Wüste aus verkohlten Dörfern und Städten, geplündert von den Boxern, zerstört von den kaiserlichen Armeen. Für die Kaiserinwitwe war es das erste

Mal, dass sie durch das Land reiste, das sie regierte, und noch nie hatte sie solche Zerstörungen gesehen und selbst solchen Hunger gelitten. In Huai-lai, nördlich der Großen Mauer, nahm sie nach zwei Tagen ihr erstes Mahl zu sich: zwei Eier und einige Nudeln. Dort händigte ihr der Kreisvorsteher Woo Yong auch die Kleider seiner verstorbenen Frau aus und ließ für sie in einem verlassenen Gasthaus ein Zimmer zur Nachtruhe vorbereiten. Am nächsten Morgen konnten Cixi und der Kaiser ihre Karren gegen bequemere, geflochtene Tragsänften austauschen, und weiter ging die Reise.

Neunzig Tage lang war der Tross unterwegs, bis er schließlich in Xi'an, der alten Kaiserstadt, ankam. Hier herrschte der Vizekönig der Provinz, Yü Hsien, ein brutaler Mann, der auch an die Zaubermittel der Boxer geglaubt und alle Ausländer, selbst Frauen und Kinder, hatte umbringen lassen. Die Kaiserinwitwe und der Kaiser wurden von ihm mit allen Ehren und Geschenken empfangen. Ein Palast war für sie vorbereitet und Cixi hätte sich hier wohlfühlen können, aber berittene Boten informierten sie ständig über das Geschehen in der Hauptstadt, und was sie hörte war entsetzlich.

Plünderung und Zerstörung

Nach der erlösenden Befreiung teilten die Alliierten die Stadt Peking in Sektoren auf, die jeweils von einer bestimmten Macht verwaltet wurden. Bald brach ein widerliches Gezänk über den Löwenanteil der Beute aus. Als die Soldaten entdeckten, dass der Hof, welcher für das ganze Kriegsgeschehen verantwortlich gemacht wurde, entkommen war, verfielen sie in wilde Raserei. Gruppen von Soldaten stürmten durch die Stadt und stahlen Pelze, Seide, Juwelen, Jade und Nahrungsmittel; selbst Chinesen plünderten. Das ausländische Militär drang zum ersten Mal in die Verbotene Stadt ein und verbrannte, was nicht weggeschleppt werden konnte, dabei gingen auch die Kulissen und Kostüme von Cixis Theater in Flammen auf. Missionare und Diplomaten beteiligten sich ebenfalls an dem unglaublichen Geschehen und erfanden triftige Gründe für ihr schändliches Tun. Man berichtete, dass sich die Gemahlin des englischen Ministers, Lady McDonald, die hier schon als Gast von Cixi bewirtet und beschenkt worden war, besonders unangenehm beim Durchstöbern hervortat. Glücklicherweise hielten die Russen die Alliierten davon ab, die Verbotene Stadt mit Granaten zu beschießen, aber auch sie beteiligten sich an den Plünderungen. Morrison von der Times berichtete am 24. September:

„Die systematische Entblößung des Sommerpalastes durch die Russen ist abgeschlossen worden. Jeder Wertgegenstand ist verpackt und mit einem Anhänger versehen."

Cixi schmerzten die ihr gemeldeten Verluste, was sie aber wirklich traf, war der Tod etlicher alter Mandschu-Familien, die ihrem Leben gemeinsam ein Ende setzten, um der Schmach der Niederlage zu entgehen. Headland berichtet von Alutes Familie:

Alutes Vater, der trotz des Todes seiner Tochter Cixi weiterhin treu ergeben war, floh mit dem kaiserlichen Tross aus der Hauptstadt. Als er unterwegs erfuhr, dass sich Peking in der Hand der verhassten Ausländer befand, sandte er eine Nachricht an seine Familie, in der er mitteilte, dass er lieber seinem Leben ein Ende setze, als der Fremden Brot zu essen oder ihr Wasser zu trinken. Als seine Angehörigen das vernahmen, befahlen sie ihren Dienern im Hof eine Grube auszuheben, in der sie begraben werden wollten. Zuerst weigerten sich die Diener, aber schließlich mussten sie sich fügen, und so starben alle Mitglieder aus Alutes Familie, außer einem Kind, das gerettet und von einer Magd davon getragen wurde. [10]

Unter den Toten in der Hauptstadt befanden viele Menschen, die die Kaiserinwitwe gut kannte und mit denen sie befreundet gewesen war. Jung Lu gegenüber bemerkte sie: „Ich fühle mich einsam!" In Empörung versetzten sie jedoch andere Dinge: Die Ausländer hatten ihren privatesten Bereich betreten und entweiht. Sie hatten sich auf ihren Ruhebetten ausgestreckt und die Wände bekritzelt. Die Amerikaner quartierten ihre Truppen im Landwirtschaftstempel ein, über dem jetzt die amerikanische Flagge wehte; die Briten besetzten den Himmelstempel und entweihten ihn und die heiligen Schreine; sie beschlossen weiterhin, eine Eisenbahnlinie bis an das Haupttor der Tatarenstadt zu führen und dabei würden die Gleise geradewegs über einen alten, geheiligten Friedhof verlaufen. Ende September, als der Krieg schon fast zu Ende war, kam die deutsche Einsatztruppe nach Peking. Auf Betreiben von Kaiser Wilhelm II. wurde Feldmarschall Graf von Waldersee zum Oberkommandierenden der alliierten Streitkräfte ernannt. Der nun 68jährige beging das schlimmste Sakrileg überhaupt: Er quartierte sich im Seepalast ein und vergnügte sich dort mit seiner chinesischen Konkubine. Mit einem Rest von Anstandsgefühl befahl er jedoch, dass

> *„die Räume, die mir als Schlaf- und Wohnräume Ihrer Majestät der Kaiserin bezeichnet sind, von der Benutzung ausgeschlossen bleiben."*

Aber dann wurde das herrliche Gebäude, das Cixi über viele Jahre hinweg aufgebaut hatte, in einer Nacht dem Erdboden gleichgemacht. Ein Feuer brach aus, verursacht durch einen großen Eisenofen, den die Deutschen in der Vorratskammer aufgestellt hatten.

Das Boxerprotokoll

Derweil fanden in der Hauptstadt die Verhandlungen mit den Alliierten über die Kriegsentschädigungen statt. Seit dem 26. Oktober 1900 arbeitete der erfahrene Diplomat Li Hong-chang als Abgeordneter des Kaiserhofs mit daran, die Friedensbedingungen festzulegen. Am 10. Januar 1901 akzeptierte Cixi schweren Herzens die vorläufigen Beschlüsse, das sogenannte „Boxerprotokoll". Es war der dritte der „Ungleichen Verträge" zwischen den Alliierten und dem Kaiserreich, und er wurde schließlich nach abschließenden Verhandlungen am 7. September 1901 unterschrieben. China musste folgenden Bedingungen zustimmen:

> 1. *China zahlt bis 1940 eine Kriegsentschädigung von 1,4 Milliarden Goldmark an die Großmächte.*
>
> 2. *Den Großmächten werden Stützpunkte auf chinesischem Territorium zugestanden.*

3. *Chinesen ist das Betreten des Botschaftsviertels verboten.*
4. *Die chinesische Regierung muss sich für die Morde an ausländischen Diplomaten entschuldigen.*
5. *Ausländische Diplomaten müssen keinen Kotau mehr vollziehen.*
6. *Für den ermordeten Freiherrn von Ketteler ist ein Gedenkstein zu errichten.*
7. *Prinz Chun muss als äußeres Sühnezeichen nach Deutschland reisen.*

Besonders auf den beiden letzten Bedingungen bestand der deutsche Kaiser und gerade diese waren für die Chinesen äußerst demütigend. Als erstes wurde Mitte Dezember 1900 im Garten der deutschen Gesandtschaft in Peking ein Gedenkkreuz für Herrn von Ketteler aufgestellt. In der Woche vor Weihnachten fand dann die Enthüllung statt. Kettelers Leichnam hatte man nach dem Einmarsch der alliierten Truppen gefunden, und zwar nicht weit von der Stelle entfernt, wo der Diplomat erschossen worden war. Wahrscheinlich hätte man den Toten nicht einmal entdeckt, wäre man nicht durch einen anonymen Hinweis auf seinen Verbleib aufmerksam gemacht worden. Ketteler hatte in einem einfachen Sarg gelegen. Sein Kopf war von einem Schuss aus nächster Nähe zerfetzt worden und sein Körper bereits in Verwesung begriffen. Deswegen konnte er nur anhand der Dinge, die man ihm gelassen hatte, identifiziert werden. Es gehörte dazu die Ledertasche mit einem Protestschreiben an den chinesischen Kaiserhof. Andere, persönliche Gegenstände fehlten, unter anderem seine silberne

Taschenuhr, ein Geschenk seiner amerikanischen Ehefrau Maud Cass Ledyard. Diese Uhr wurde dem Mörder zum Verhängnis. Am Tag vor dem Heiligen Abend war der japanische Oberst Shiba, Chef der japanischen Gesandtschaftswache, auf der Suche nach einem Geschenk. Bei einem Trödler kaufte er schließlich eine silberne Taschenuhr samt Uhrenkette. Unterwegs stellte er fest, dass die Uhr auf der Innenseite des Deckels eine Gravur trug, aus der hervorging, dass es sich um die verschwundene Uhr des ermordeten Herrn von Ketteler handelte. Oberst Shiba brachte seinen Fund zur deutschen Gesandtschaft und es gelang, den Verkäufer der Uhr ausfindig zu machen. Es handelte sich um den Korporal eines mandschurischen Regiments, namens **En-Hai**, der am Hatamen-Tor Wache hielt. Der Täter gab an, auf Befehl seiner Vorgesetzten und im Hinblick auf eine versprochene Geldbelohnung gehandelt zu haben. Er wurde zum Tode verurteilt und am Ort seiner Schandtat unter den Augen europäischer Offiziere enthauptet. Ob Kettelers Tod am 20. Juni 1900 ein gezielter Anschlag auf ihn war oder doch nur ein Missverständnis in der aufgeheizten Atmosphäre, ist bis heute nicht geklärt.

Auf Wunsch seiner Gemahlin wurde der Tote im Gesandt-schaftsgarten beigesetzt. Das Erinnerungsmal auf der Grabstätte war ein Geschenk Kaiser Wilhelms. Seine Majestät hatte sich für ein mehrere Meter hohes Marmorkreuz entschieden, das mit Blüten- und Rankenwerk reich verziert war. Am Sockel befand sich eine Metallplatte, die den Namen des Toten trug, seinen Geburts- und Todestag und den Hinweis, dass er in treuer Pflichterfüllung gestorben sei. Selbstverständlich nahm Maud von

Ketteler an der Zeremonie zu Ehren ihres ermordeten Mannes teil, aber die Amerikanerin war mit diesem in ihren Augen zu einfachen Grab nicht zufrieden. Da in China selten Standbilder für berühmte Persönlichkeiten aufgestellt wurden, forderte sie ein landestypisches Ehrenmal. Dieses sollte aus Marmor, dem gleichen Marmor, wie er für die chinesischen Kaisergräber verwendet wurde, gebaut werden und Inschriften in verschiedenen Sprachen tragen. Das Monument sollte die Ausmaße des „Arc de Triomphe" haben und die Hatamen-Straße überspannen. Die Witwe wandte sich an den deutschen Kaiser Wilhelm II. höchstpersönlich, und der Kaiser, außer sich vor Wut über die Ermordung von Kettelers und die Belagerung der Botschaft, stimmte den überzogenen Forderungen zu und setzte 20.000 Soldaten in Marsch, um sich an China zu rächen.

In Peking begannen am 25. Juni 1901 die Bauarbeiten für dieses außergewöhnliche Denkmal. Es wurde am Ort der Ermordung des Botschafters errichtet mit der Begründung: Wann immer die Chinesen unter diesem Bogen hindurchgehen, sollen sie an ihre Niederlage gegen die Deutschen erinnert werden. Der sogenannte Ketteler-Bogen erreichte eine Höhe von etwa 15 Metern und wurde aus dem geforderten kostbaren Marmor gebaut. Für die Kosten musste China aufkommen. Lady Susan Townley, die Ehefrau eines englischen Diplomaten, beschrieb die offizielle Einweihungsfeier des „Schandbogens":

Schon kurz nachdem wir in Peking angekommen waren, wurde der Tag für die Enthüllung des Denkmals festgelegt. Prinz Chun, als der dem Thron nahestehendste Prinz, wurde ausgesucht, die beschämende Zeremonie durchzuführen, das heißt, Opfergaben darzubringen und im Namen der chinesischen Regierung niederzuknien. Er versuchte, „sein Gesicht zu wahren", indem er seine Pflicht schlampig und nachlässig ausführte und die Zeremonie auf diese Weise aller Würde und Feierlichkeit beraubte. Die chinesischen Autoritäten ihrerseits hatten keinerlei Vorkehrungen für das Erscheinen der ausländischen Minister und ihrer Begleitung getroffen, sodass diese sich selbst ihren Weg durch die schmutzige und feindliche chinesische Menge suchen mussten. Ob bewusst oder nicht, Prinz Chuns Buße war eher eine zusätzliche Beleidigung als die Wiedergutmache für ein Verbrechen.[11]

Lange blieb dieser Schandbogen nicht stehen. Als die Chinesische Republik 1917 an der Seite der Alliierten gegen Deutschland in den Ersten Weltkrieg einzog, wurde er abgerissen. Bis dahin war neugierigen Touristen anscheinend von ihren Führern mitgeteilt worden, dass der schöne Bogen einen Soldaten ehre, der den Freiherrn getötet hatte. Der letzte Satz der Inschrift auf Latein, Chinesisch und Deutsch ließ sich entsprechend zweideutig interpretieren:

Das Denkmal wird errichtet, um deutlich zu machen, dass das, was gut ist, gut und das, was böse, böse ist. Alle unsere Untertanen sollen aus dem vergangenen Vorfall ihre Lehren ziehen und sie niemals vergessen. Das ist unser Befehl.

Die Chinesen verwendeten die Steine des Ketteler-Bogens später zum Bau eines Denkmals, das an den Sieg der Alliierten

erinnern soll. Es trägt den bezeichnenden Namen „Sieg der Macht über das Recht" und steht immer noch im heutigen Sun Yat-sen-Park im Schatten der Verbotenen Stadt, unbemerkt von den vorübergehenden Scharen junger chinesischer Arbeiter und Touristen.[12]

Prinz Chun, ein Bruder des chinesischen Kaisers, reiste im Herbst 1901 mit einer Delegation nach Berlin. Die sogenannte „Sühnegesandtschaft" musste hier Abbitte leisten. Am 4. September übergab der chinesische Prinz im Neuen Palais in Potsdam dem deutschen Kaiser Wilhelm II. das geforderte Entschuldigungsschreiben.

Das Erscheinungsbild der Kaiserinwitwe in der westlichen Presse

Die Niederlage der Chinesen und der aufgezwungene Frieden rückten Cixi in das Licht der westlichen Welt. Man machte sie persönlich für den Boxerangriff auf die Gesandtschaften und die

chinesischen Christen verantwortlich und bildete sie als Karikatur in mehreren Satire-Zeitungen ab.

L'Impératice Douairière de Chine

Titelbild von „Le Rire", 14. Juli 1900

Die Zeichnung zeigt eine groteske Cixi mit einem blutigen Dolch in der Hand. Im Hintergrund sind die abgetrennten Köpfe getöteter Christen zu sehen.

— Cette bonne impératrice de Chine garde soigueusement dans le plus intime de son palais, les représentants des puissances. Alors ! que signifie ?
(Kikeriki, Vienne.)

Diese gute Kaiserin von China hütet im Innern des Gesandtschafts-Palastes die Vertreter der Mächte.
So, was sagt uns das?

Satire-Zeitung „Kikeriki" Nr. 97, 12. Juni 1900,
Österreich

DOWAGER EMPRESS OF CHINA.

Atlanta Constitution, United States, Juni 1900

Diese streng schauende, verkleidete alte Dame ist eine interessante Figur in den Boxer-Aufständen. Sie hat eine starke Ähnlichkeit mit Mrs. Nack, der New Yorker Mörderin, und wenn die Gerüchte, die vom Orient herüberschweben, glaubhaft sind, dann ist sie am Massenschlachten beteiligt, indem sie heimlich die gegenwärtigen Aufstände unterstützt.

Es sprach der Weise Confuci

Ueber die Herrschaft der Tsu-Tsi

„Wenn ueber die Wasser des Yang-Tse- Kiang

Die Sonne scheint vom Li-hung-Tschang

Dann kommen zwei Drachen wohl aus dem Land

Doch tausende Teufel kommen gerannt.“

„Der Floh“ Deutschland 1900 [13]

12. Rückkehr nach Peking und Öffnung (1902-1908)

Wahrscheinlich hätte Cixi gerne noch länger im angenehmen Xi'an verweilt, aber da die vorläufigen Friedensverhandlungen beendet und nach ihrem Gutheißen vom Kaiser unterschrieben worden waren, musste sie sich auf die Rückkehr in die geplünderte Stadt vorbereiten. Am 20. Oktober 1901, nach mehr als einem Jahr, verließen die Kaiserinwitwe, der Kaiser und der Hofstaat die alte Kaiserstadt mit einem pompösen Festzug von dreitausend Wagen. Man führte die Ausbeute von einem Jahr Aufenthalt in Xi'an mit sich, denn Cixi war hier nicht nur reichlich beschenkt worden, sie hatte auch die Staatseinnahmen aus den Provinzen und die üblichen Tribute der chinesischen Vasallen-Staaten erhalten. Zur Freude aller neugierigen Zuschauer waren die Teilnehmer dieser Gesellschaft nicht nur prächtig gekleidet, sondern die Diener schwenkten auch unzählige Seidenbanner, bunte Laternen, Blumen und Zweige und verstärkten auf diese Weise den festlichen Eindruck. Der Zug bewegte sich nur langsam in nördlicher Richtung, denn die Kaiserinwitwe hatte einen Sinn fürs Reisen entwickelt und zeigte ihre bekannt unersättliche Neugier für die Landschaft, für Tempel und Monumente. Einige Wochen blieben alle in Kaifeng, einer alten Kaiserstadt am Gelben Fluss, und warteten auf die endgültige Unterzeichnung des Friedensvertrages. Während dieser Zeit erhielt Cixi die Nachricht vom Tode Li Hong-changs, ihres vertrauten Beraters und wichtigsten Verhandlungsführers mit den

Fremden. Sie trauerte und veranlasste, dass zu seinen Ehren zwei Schreine errichtet wurden, einer in Peking und einer in seiner Heimatprovinz Anhui. Doch ließ sich die Kaiserinwitwe durch Kummer nicht von ihren Plänen abbringen, und so feierte sie hier in Kaifeng sowohl die Unterzeichnung des Vertrages als auch ihren 66. Geburtstag mit einem tagelangen spektakulären Fest. Sie plante großartige Theateraufführungen und lud dazu die berühmtesten Schauspieler des Landes ein. Nach Beendigung der Festlichkeiten konnte sie die Rückkehr nicht länger hinausschieben und wandte sich an ihre Astrologen, um den günstigsten Tag und die günstigste Stunde für ihren Wiedereinzug in die Hauptstadt zu erfahren. Man berichtete ihr, dass der 7. Januar 1902, Punkt 14 Uhr unter einem günstigen Omen stünde. Von Kaifeng aus bewegte sich der Zug mit Packtieren, Pferden, Mulis, Karren und Tragsänften schwerfällig bei eisiger Kälte nach Norden in Richtung Peking.

„Banner flattern im Wind", schreibt ein Beamter. „Jeder schweigt, das einzige Geräusch ist das Stapfen der Pferde und das Mahlen der Wagenräder im Sand. Ein Baldachin aus Seide erstreckt sich über Kilometer am Ufer entlang, und die Ausrüstung von tausend Soldaten funkelt wie Feuer. Es ist, als ob zehntausend Pfirsichbäume in voller Blüte stehen. "[1]

Glanzvoller Einzug

Vierhundert Kilometer weiter nördlich in Richtung Hauptstadt erreichte der Zug die Stadt Cheng-tin in Chihli. Hier befand sich der südliche Endpunkt der Eisenbahnstrecke von Peking nach

Hankow, und die Belgier hatten die von ihnen neu erbaute Eisenbahn dem chinesischen Hof zur Benutzung angeboten. Die Kaiserinwitwe nahm das Angebot an, um damit zu dokumentieren, dass sie den Neuerungen und den Fremden gegenüber nun aufgeschlossen war. Diese Etappe der Heimkehr war für Cixi ihre erste Erfahrung mit dem modernen Transportmittel. Vier Güterzüge mit ihrem Gepäck fuhren voraus, sie selbst folgte in einem Eisenbahnwagen, der mit einer Art Thron ausgestattet und in kaiserlichem Gelb gepolstert war. In Feng-tai tauschte sie die belgische mit der ganz neu erbauten englischen Eisenbahn. Hier hatte das Volk die erste Gelegenheit, die Kaiserinwitwe, den Sohn des Himmels, seine Kaiserin, seine Konkubinen und Eunuchen zu Gesicht zu bekommen. Cixi wich dieser plötzlichen Zurschaustellung nicht etwa aus, sondern schien sich wohl zu fühlen. In ihrem Abteil plauschte und rauchte sie mit dem Obereunuchen und ließ ihre albern auf dem Bahnsteig vor den Schaulustigen herumlaufenden Damen gewähren. Am Südtor der Chinesenstadt Pekings, dem glücksverheißenden und traditionellen Eingang für den Sohn des Himmels, stiegen die Kaiserinwitwe und ihr Gefolge vom Zug in mit Pfauenfedern geschmückte Tragsänften um und begaben sich zum Tor der Tatarenstadt, wo Kaiser Guangzu, der Cixi vorausgeeilt war, auf dem mit kaiserlich gelbem Sand bestreuten Zugangsweg kniete und sie begrüßte.[2] Die Kaiserinwitwe, an diesem Tag mit sehr auffälligem Schmuck gekleidet, stand stocksteif und ignorierte ihre Diener, die ein gewaltiges Getue veranstalten, um sie zu ihrer Sänfte zu begleiten.

Auf der lädierten Mauer zur Tatarenstadt, wo vor erst anderthalb Jahren ihre Soldaten gegen die Gesandtschaften gekämpft hatten, standen Angehörige der Ausländerkolonie und beobachteten ihre Rückkehr nach Peking. Eigentlich hatten die ausländischen Minister Anweisung gegeben, dass die westlichen Einwohner Pekings der zeremoniellen Ankunft fern bleiben sollten, jedoch umsonst. Zu groß war das Interesse an dieser scheinbar so furchtbaren Herrscherin, und so machten sich Frauen und Männer auf zur Mauer. Dort versammelten sie sich genau über dem Chien Men Tor, denn man wusste, dass nach alter Sitte der zurückkehrende Herrscher und sein Gefolge hier die Sänften verließen. Wie vorhergesehen, begaben sich die Majestäten auch an diesem Tag dort zu einem schmalen Tempel an der Mauer, um an einem Schrein zu den Schutzgöttern der Mandschus zu beten. Ein italienischer Seemann namens Don Rodolfo Borghese hat einen Bericht über die Ankunft der Kaiserin und ihr Geschick in „Public Relations" hinterlassen:

Wir hätten uns keinen besseren Platz zum Schauen aussuchen können. Zuerst kamen die Mandschu-Bannermänner an mit ihren kleinen feurigen Pferden. Ihnen folgte eine Gruppe chinesischer Beamter in Galauniform und schließlich die kaiserlichen Sänften, die sich in unglaublicher Geschwindigkeit zwischen zwei Reihen kniender Soldaten vorwärts bewegten. Als sie die Mauer erreichten, verließen die Kaiserinwitwe und der Kaiser ihre Sänften. Die Kaiserinwitwe hob den Kopf und sah uns: eine Reihe Ausländer, die hinter den Schutzwällen stehend ihre Ankunft beobachteten. Eunuchen kamen und versuchten sie zum Weitergehen zu bewegen, denn es ziemte sich nicht, dass sie dort stehen blieb – sichtbar für

jedermann. Aber die Kaiserinwitwe ließ sich nicht drängen...
Endlich bewegte sie sich vorwärts, aber bevor sie den Tempel
betrat, wo alle Priester darauf warteten, mit der Zeremonie
zu beginnen, schaute sie noch einmal nach oben, faltete die
Hände, hob sie zum Kinn und verneigte sich mehrmals.
Der Effekt dieser Geste war erstaunlich. Wir waren alle auf
die Mauer gegangen, in der Hoffnung beim Vorbeigehen
einen Blick auf diese schreckliche Kaiserin zu werfen, die der
Westen fast als Feind der menschlichen Rasse ansah. Aber wir
waren alle so beeindruckt von der Pracht dieses historischen
Schauspiels, dass wir in unserem atemlosen Interesse unsere
Empörung über die Frau, die für so viel Unheil verantwortlich
war, vergaßen. Diese kleine Verbeugung und die gefalteten
Hände überraschten uns. Von überall auf der Mauer kam
als Antwort ein spontaner Ausbruch von Applaus. Die
Kaiserinwitwe schien erfreut. Sie blieb noch einen Moment
stehen, schaute auf und lächelte. Dann verschwand sie im
Tempel.[3]

Eine Herrscherin war zurückgekehrt. Cixi, obwohl sie die
Fremden immer noch hasste, sah das Verhalten der Ausländer
als Freundlichkeit an und als Voraussetzung für den Beginn
einer Öffnung des Hofs gegenüber den westlichen Mächten. Sie
beschloss, sich nicht länger hinter den Mauern zu verbergen,
sondern fortan gesellschaftliche Beziehungen zu pflegen. Einer der
ersten, der diesen Sinneswandel zu spüren bekam, war der Gesandte
der deutschen Botschaft.

Begegnung mit Ausländern

Der Gesandte Alfons Mumm von Schwarzenstein

Im Dezember 1901 machte der deutsche Gesandte Alfons Mumm von Schwarzenstein, Spross der Frankfurter Champagner-Dynastie Mumm, seinen Antrittsbesuch bei den chinesischen Majestäten. Der ersten Begegnung mit der Kaiserinwitwe sah er ohne große Erwartungen entgegen, denn er vermutete, er werde sein Beglaubigungsschreiben abgeben, ein paar unverbindliche Worte des Kaisers hören, sich vor der Kaiserinwitwe verbeugen und dann wieder nach Hause geschickt werden. Es kam anders.

Die Audienz fand in der „Halle des Purpurglanzes" statt. Auf einer Empore in der Mitte des Saales saßen der Kaiser und die Kaiserin-Witwe; der Kaiser gleich rechts an der Treppe und weiter hinten in der Mitte und etwas erhöhter seine Tante. Von unten aus gesehen war sie nichts als eine Frau in gelben Gewändern hinter einem schmalen Tisch mit gelber Atlasdecke. Der Gesandte las mit kräftiger Stimme eine Grußadresse des deutschen Kaisers vor und während Cordes, der Dolmetscher, übersetzte, konnte er die Majestäten näher betrachten. Der Kaiser kam ihm aus der Distanz wie ein schmächtiger, großäugiger chinesischer Jüngling vor mit einem sympathischen und gewinnenden Gesicht; bei der Kaiserinwitwe meinte er energische Züge wahrzunehmen.

Nachdem Cordes geendet hatte, wurde von Mumm aufgefordert, nach oben auf die Empore zu kommen. Der Kaiser lächelte den Gesandten freundlich an und gab ihm halb verlegen sein dünnes Händchen. Noch während der Gesandte mit dem Kaiser Höflichkeiten austauschte, beugte sich die Kaiserinwitwe vor und streckte Herrn von Mumm ihrerseits die Hand über den Tisch hin. Das Erstaunliche war, dass sie ihn nicht losließ, und er fühlte sich, wie er später schrieb, bei der Berührung dieser kleinen, weichen Hand nicht an eine Kaiserin erinnert und nicht an eine alte Frau, sondern an ein kleines Mädchen aus seiner Kinderzeit, mit dem er auf dem Johannisberg spielte.

Endlich kam auch der Kaiser mit seinem Vortrag zu einem Ende, und von Mumm konnte sich ganz der Kaiserin-Witwe zuwenden. Er bemerkte nun: sie war wenig geschminkt, trug ungewöhnlich große Perlen als Ohrgehänge und an der linken Hand sehr lange silberne, mit Edelsteinen besetzte Fingerhüte. Ihr Gewand und ihr Hofhut waren aus gleichem Stoff gefertigt, dabei handelte es sich um gelbgrundige Seide mit farbigen Blumen und Drachenwesen. Darüber trug sie einen prachtvollen goldgelben Crêpe-de-Chine-Mantel, der mit weißem Fuchs gefüttert war. Sie trug ihn offen, so wie die Hofbeamten ihre Pelze trugen, offenbar galt: Man zeigt, was man hat. Es wurden diplomatische Floskeln ausgetauscht, und der Gesandte hatte dabei das Gefühl, dass Cixi sich langweilte. Cordes übersetzte fleißig, und dann war die Audienz beendet.

Erstaunlicherweise wurden die Deutschen nun ersucht, in einem anderen Raum einen Imbiss einzunehmen, und was noch überraschender war, der Kaiser und die Kaiserinwitwe gesellten sich dazu. Cixi nahm genau gegenüber dem Gesandten Platz und unterhielt sich mit ihm. Plötzlich ließ sie die elektrische Beleuchtung anschalten, deutete dorthin und sagte „Siemens". Sie war auch darüber informiert, dass von Mumm ein passionierter Fotograf war, und sie erklärte ihm, dass sie selbst lieber male. Ganz Diplomat erwähnte der Gesandte daraufhin das wunderschöne Blumenbild, welches sie für Prinz Heinrich angefertigt hatte. Zurück in den eigenen Gemächern hielt von Mumm diese höchst ungewöhnliche Begegnung detailgenau in seinem Protokoll fest. Er vergaß auch nicht zu erwähnen, dass ihm Boten des Palastes am nächsten Tag eines der üblichen Erinnerungsgeschenke gebracht hatten: In einem sehr kunstvoll verpackten Lackkästchen fand er eine amerikanische Kamera der allerneuesten Produktion. Dem Geschenk lag eine Visitenkarte der Kaiserinwitwe bei.

Wenig später überraschte die Kaiserinwitwe den Gesandten mit einer liebenswürdigen Einladung zu dem gemeinsamen Besuch einer Opernaufführung. Da es sich bei dem Treffen augenscheinlich nicht um eine dienstliche Angelegenheit handelte, beschloss man Frau Kranemacher, die Gattin des Gesandtschaftsarztes, als Begleitung mitzuschicken. Während die junge Frau zusammen mit den Hofdamen und einer Konkubine platziert wurde, hatte der Gesandte die Ehre, allein mit der Herrscherin zwei Opernaufführungen zu folgen und ihr bei den zwischenzeitlichen Imbissen Gesellschaft zu leisten. Eine Stunde nach der Rückkehr in die Gesandtschaft brachten Boten des chinesischen Kaiserhofes wiederum Geschenke. Ihm, dem Gesandten, überreichte man ein Glückszeichen, das die Kaiserinwitwe mit eigener Hand kalligraphiert hatte. Für Frau Kranemacher waren drei Ballen Seide bestimmt. Als der Gesandte später Stichpunkte für seinen Bericht ans Außenamt notierte, dachte er:

Wieso hat eine solch scharfe Beobachterin wie Frau von Heyking mir eine solch gänzlich falsche Vorstellung von der Kaiserin-Witwe vermittelt? Wieso wird die Kaiserin des Westlichen Palastes in den amtlichen Berichten der Gesandten von Heyking und von Ketteler als ein beschränktes, unfähiges Wesen dargestellt, während sie mir so kaiserlich erscheint, wie eine Kaiserin nur sein kann, gleichzeitig reizend und gewinnend?[4]

Cixi erkannte als eine der ersten unter den Mandschu und den chinesischen Offiziellen die Notwendigkeit einer radikalen Wandlung im Umgang mit den westlichen Mächten. Der Fehlschlag des Boxeraufstandes, die Besetzung und Plünderung der Hauptstadt durch ausländische Truppen war eine Lektion, die sie nie vergessen würde. Nach reiflicher Überlegung kam sie zu der Überzeugung, dass die Fremden in China bleiben würden, und deshalb beschloss sie, sich ihnen gegenüber freundlich zu verhalten und sich wenn möglich deren Wissen zunutze zu machen. Um dieses Ziel zu erreichen, musste sie aber mehr wissen. Eine Hilfe bei ihrer Kontaktaufnahme zur westlichen Welt wurde ihr die Familie Yu Ken.

Familie Yu Ken

Winter1903/1904

Cixi eingerahmt von Der Ling und Rongling [5]

Im Hintergrund Louisa Yu Ken

Lord Yu Ken, ein äußerst weltoffener, gebildeter chinesischer Diplomat, lebte bis 1895 als Gesandter des chinesischen Kaiserhofs mit seiner Familie in Japan und anschließend bis 1899 als Abgesandter Chinas in Paris. Er war ein Mandschu-Bannermann, seine Frau, Louisa Pearson, wurde als Tochter einer Han-Chinesin und eines amerikanischen Geschäftsmannes geboren. Louisa

Pearson sprach sowohl fließend Englisch als auch Mandarin. Ihre Kinder ließ das Ehepaar chinesisch und auch europäisch erziehen, dabei lernten sie mehrere Sprachen und auch westliche Lebensweisen kennen und lieben. Besonders die beiden jugendlichen Töchter Der Ling und Rongling genossen die Kultur und das gesellschaftliche Leben im Paris der Jahrhundertwende. Die Mädchen wurden in die Gesellschaft eingeführt, nahmen Schauspielunterricht bei Sarah Bernard und tanzten mit Isodora Duncan. Zu diesem Zeitpunkt befand sich ebenfalls die amerikanische Malerin Katherine Augusta Carl in Paris, und es gehörte zum guten Ton, sich von ihr malen zu lassen. So bestellte auch Lord Yu Ken ein Portrait seiner Tochter Der Ling. Dieses Gemälde sollte später am Kaiserhof in China noch eine wichtige Rolle spielen.

Diese Familie suchte sich die Kaiserinwitwe für ihren eigenen Lernprozess aus. Die weitgereisten Damen sollten Cixi vom Leben in Europa und ihren Erfahrungen mit den fremden Teufeln berichten. Cixi war besonders an Sitten und Gebräuchen interessiert, da sie im Umgang mit den Ausländern keine Fehler machen wollte und wusste, dass sie selbst China niemals verlassen würde. Deshalb wurden Frau Yu und die Töchter, sobald sie nach Peking zurückgekehrt waren, an den kaiserlichen Hof berufen. Am 1. März 1903 erschienen Prinz Ching und sein Sohn Tsai Chen im Hause Yu Ken und verkündeten, dass die Kaiserinwitwe die Damen Yu Ken baldmöglichst zu sehen wünschte. Sie wurden aufgefordert, sich schon am nächsten Morgen um sechs Uhr im Sommerpalast einzufinden. Die Aufregung war groß und der Weg weit. Bereits um drei Uhr nachts begann die Reise. Vier Kulis trugen jeweils eine

Sänfte und je weitere vier Kulis fuhren auf einem Wagen zur Ablösung mit. Das waren allein 24 Kulis, dazu kamen jeweils drei berittene Offiziere, die schützend die Sänften begleiteten. Dieser Tross zog durch das nächtlich stille Peking. Im Palast angekommen wurden die Damen ehrenvoll empfangen und gebeten, etwas zu warten, da die Kaiserinwitwe angekleidet werde. Die Wartezeit dauerte zweieinhalb Stunden, was niemanden zu stören schien. Eunuchen brachten Milch zur Erfrischung und dazu mehr als zwanzig unterschiedliche Gerichte. Cixi schickte für jede der Damen einen goldenen Ring mit einer Perle als Willkommensgeschenk. Etwas später erschien der Obereunuch Li Lien-ying in offizieller Hofkleidung und überreichte abermals Geschenke, jetzt waren es kostbare Jaderinge. Schließlich wurden die Damen Yu Ken von der jungen Kaiserin Longyu, der Gattin Guangxus, begrüßt und zur Halle gebracht, wo Cixi sie erwartete. Der Ling beschrieb diese erste Begegnung so:

Wir sehen eine alte Dame, die ein wunderschönes gelbes Seidengewand trägt, das über und über mit rosa Chrysanthemen bestickt ist. Auf dem Haupt trägt sie einen passenden Kopfputz mit Blumen an jeder Seite, die aus Perlen und Jade geformt sind. An der linken Seite hängen Perlenschnüre hinab und in der Mitte strahlt ein herrlicher Phönix aus Jade. Über ihrem Gewand trägt sie einen Perlenumhang, er ist das Prachtvollste und Kostbarste, das ich je gesehen habe. Dieser Umhang besteht aus ungefähr 3500 Perlen in der Größe eines Kanarienvogeleis. Eine Perle gleicht der anderen in vollendeter Form und Farbe. Wie ein Fischernetz gebunden hat der Perlenumhang einen

Saum aus Jadeanhängern, geschlossen wird er mit zwei Jadespangen. Außerdem trägt Ihre Majestät zwei Paar Perlenarmbänder, ein Jadearmband, mehrere Jaderinge und am dritten und kleinen Finger der rechten Hand goldene Nagelschützer ungefähr 8cm lang und an der linken Hand zwei Nagelschützer aus Jade ungefähr gleichlang. Ihre Schuhe sind bestickt mit farbigen Jadestückchen und verziert mit winzigen Perlschnüren.[6]

Cixi empfing die Damen äußerst freundlich und stellte unzählige Fragen über Paris, insbesondere über Kleidung und die aktuelle Mode. Fasziniert war sie von den hochhackigen Louis XV-Schuhen der Damen, während sie in einer Schleppe am Kleid keinen Sinn sah. So bat sie Frau Yu Ken und ihre Töchter, bei weiteren Treffen immer westliche Kleidung zu tragen, damit sie sich an diese gewöhne. Während der Unterhaltung bemerkten die Damen einen Mann, der etwas im Hintergrund stand. Die Kaiserinwitwe stellte ihn schließlich als seine Majestät, den Kaiser, vor. Der Ling beschrieb ihn:

Seine Majestät begrüßt uns mit einem scheuen Händedruck. Er ist ungefähr 1,70 Meter groß, sehr dünn, aber mit ausgeprägten Gesichtszügen; hohe Nase und Stirn, große, schwarze Augen, einen starken Mund, sehr weiße gerade Zähne, zusammenfassend: gutaussehend. Ich bemerke jedoch einen traurigen Ausdruck, obwohl er die ganze Zeit lächelt, während wir da sind.[7]

Dann erschien der Obereunuch und wies darauf hin, dass die Sänfte Ihrer Majestät bereit sei, um sie in die ungefähr zwei

Minuten zu Fuß entfernte Audienzhalle zu bringen. Für die Damen Yu Ken folgte ein höchst ungewöhnliches Geschehen.

Es ist ein herrlicher Tag und eine offene Sänfte wartet. Diese Sänfte wird von acht Eunuchen getragen, die alle in offizielle Hoftracht gekleidet sind. Der Obereunuch geht an ihrer linken Seite, der zweite Eunuch an ihrer rechten Seite. Beide Eunuchen halten stützend die Stange der Sänfte. Vier Eunuchen des fünften Ranges gehen voraus, zwölf Eunuchen des sechsten Ranges folgen. Jeder von ihnen trägt etwas in der Hand: Kleider Ihrer Majestät, Schuhe, Taschentücher, Kämme, Bürsten, Puderdosen, Lupen in verschiedener Größe, Parfüme, Nadeln, schwarze und rote Tusche, gelbes Papier, Zigaretten, Wasserpfeifen und der letzte einen seidenbezogenen Stuhl. Dazu kommen noch zwei alte Frauen und vier Dienerinnen, die auch alle etwas tragen. Bei dieser Prozession glaubt man, das Privatzimmer einer Dame auf Beinen zu sehen. Der Kaiser geht zur Rechten und die junge Kaiserin sowie die Hofdamen zur Linken der Sänfte.

Der Ling war tief beeindruckt von der Audienzhalle:

Die Audienzhalle ist ungefähr 30 Meter lang und 45 Meter breit. An der linken Seite befindet sich ein langer Tisch, der mit gelbem Satin bedeckt ist. Die Kaiserinmutter steigt aus ihrer Sänfte und begibt sich umgehend in die Halle, wo sie auf ihrem mit gelber Seide gepolsterten Thron Platz nimmt, der hinter dem Tisch steht. Seine Majestät, der Kaiser, nimmt auf einem kleineren Thron zu ihrer linken Seite Platz, alle Minister knien auf dem Boden vor ihr. Die Halle ist

ausgeschmückt mit herrlichen Schnitzereien aus Ebenholz,
sie zeigen den Phönix, das Wappentier der Kaiserin, und
Chrysanthemen, das Symbol für Adel und Reichtum. Die
Besucher werden gebeten, sich mit der jungen Kaiserin und
den Hofdamen hinter einen Paravent zu begeben. Von dort
aus können sie der Unterhaltung zwischen der Regentin und
den Ministern lauschen.[8]

Nach diesem ersten Kennenlernen wurden Frau Yu Ken und ihre Töchter zeitweise als Gäste im Palast untergebracht und konnten bei Bedarf als Dolmetscherinnen fungieren. Um möglichst viel aus verlässlicher Quelle zu erfahren, verpflichtete Cixi die jüngste Tochter Der Ling, als Hofdame im Palast zu leben und ihr Tag und Nacht zur Verfügung zu stehen. Durch Prinzessin Der Ling, wie sie später von Cixi genannt wurde, und ihre Veröffentlichungen lernte man sehr viel über die Verbotene Stadt und über die Kaiserinwitwe – ihr Leben und ihre Interessen.

13. Eine Hofdame berichtet (1902-1904)

Tag der Kaiserinwitwe

Den Berichten Der Lings zufolge verlief der Alltag der Kaiserinwitwe auch nach ihrer Rückkehr nach hergebrachten Ritualen und Gebräuchen. Die Besetzer hatten die vor der Flucht versteckten Schätze nicht entdeckt und nun konnten diese wieder gezeigt und benutzt werden. Auch die Räumlichkeiten der Kaiserin waren wieder prunkvoll ausgestattet. Der Pavillon der Kaiserinwitwe hatte hohe rosafarbene Mauern, in die kleine Fenster eingelassen waren. In diesem Pavillon befand sich ein niedriger Thron aus Ebenholz, auf dem die Kaiserinwitwe Damen ihres Gefolges und den Kaiser empfing, wenn er sie besuchte. In ihrem Schlafzimmer stand in einer Nische ein reich geschnitztes, hohes Schlafpodium, ein sogenannter *k'ang,* unter dem im Winter ein Feuer angeheizt wurde. Darauf lagen ein dickes Filzpolster und drei weichere gepolsterte Matratzen, die mit gelbglänzendem Brokatstoff bezogen waren. Alles war in kaiserlichem Gelb gehalten, die Tücher aus gelber Seide, die Bettvorhänge aus gelbem Brokat und die gelbe Satinsteppdecke als Zudecke, bestickt mit goldenen Drachen und blauen Wolken. Überall verstreut lagen bestickte Kissen, aber sie benutzte am liebsten eines, das mit Teeblättern gefüllt war, was gut für die Augen sein sollte. Ein weiteres Kissen war mit getrockneten Blumen und Kräutern gefüllt. Von dem mit Schnitzereien verzierten

Balkengerüst über ihrem Bett hingen kleine Säckchen herunter, die Moschuskörner enthielten. Während sie für Parfüm nicht viel übrig hatte, mochte sie Moschusgeruch, was ihre Kritiker veranlasste, das Gerücht zu verbreiten, sie habe einen „Fuchsgeruch" an sich, und Füchse hatten, so die landläufige Meinung, etwas Übernatürliches. Vor dem Schlafengehen trank Cixi eine Tasse heißes Zuckerwasser. Schlief sie dann einmal fest, fiel jemandem aus ihrem Gefolge die unangenehme Aufgabe zu, sie um vier Uhr früh zu wecken; denn wenn man sie aus dem Schlaf schüttelte, war sie brummig und böse. Ein Porträt von Königin Viktoria stand an ihrer Schlafstatt und über ein Dutzend Uhren, einige von John Cox in London, tickten in den Zimmern, hielten sie aber, obwohl sie an Schlaflosigkeit litt, nicht wach. Ein Aufwartemädchen lag nachts in ihrer Nähe, und die Eunuchen hielten an ihrer Tür Wache.[1] Den Pavillon umgaben Höfe, die mit leuchtenden Granatapfelbäumen, süß duftenden Akazien, blühenden Pfirsich-, Pflaumen- und Kirschbäumen und mit spätblühenden Chrysanthemen bepflanzt waren. Überall hingen Vogelkäfige, die Luft war von Gezwitscher erfüllt, und am Boden liefen kleine Pekinesen geschäftig hin und her, verfolgt von Eunuchen mit wehenden Zöpfen. In dieser wunderschönen Umgebung lebte die junge Der Ling von nun an, hielt alle Erlebnisse in ihrem Tagebuch schriftlich fest und berichtete später davon.

Am Morgen

Sobald Cixi erwacht war, meist gegen 4 Uhr morgens, brachten die Dienerinnen große Wannen mit heißem Wasser, feuchten und trockenen Handtüchern, um ihr Gesicht und Hände zu waschen. Sie nahm dann ein leichtes Frühstück zu sich, das aus einem Topf heißer Milch bestand, die mit Honig und Mandeln versetzt war, und sie aß einen Brei aus Lotuswurzeln. Alle zehn Tage schluckte Cixi auch einige zerstoßene Perlen, die sie, wie schon unzählige Herrscher vor ihr, für ein Elixier der Langlebigkeit hielt. Nach dem Frühstück bereiteten ihre Damen eine Wasserpfeife vor, aus der sie einige ruhige, tiefe Züge nahm, und anschließend war sie bereit zur Morgentoilette.

Witwen war es verboten, Make-up zu tragen, aber die Kaiserinwitwe erklärte, dass sie es ihrer Position schuldig sei, sich in bestem Aussehen zu präsentieren. Zuerst besprühte sie ihr Gesicht mit Glyzerin und Geißblatt, einem im Palast zusammengemixten Gebräu. Da ihr dunkler Teint in China nicht bewundert wurde, trug sie rosafarbenen Puder auf, malte ihre Wangen an und setzte in die Mitte der Unterlippe einen tiefroten Schönheitspunkt, um von der Schminke abzulenken. Zum Schluss parfümierte sie sich mit Moschus (Ausländer beschweren sich oft über den muffigen Geruch höchst vornehmer Chinesen), ihren Atem veredelte sie mit Betelnüssen, die sie zusammen mit einem juwelenbesetzten Handspiegel und einem kostbaren Fächer stets bei sich trug. Die Toilette nahm mindestens eine Stunde in Anspruch. Cixi achtete sehr auf Reinlichkeit; hatte sie zum Beispiel einen ihrer Lieblingspekinesen gestreichelt, mussten ihr die Diener umgehend ein in lauwarmes Wasser getränktes Tuch reichen, mit dem sie sich die Hände abwaschen konnte.

Schmuck und Kleidung

Die Hofdamen waren für die Kleidung und den Schmuck der Kaiserinwitwe verantwortlich. Prinzessin Der Ling erzählte:

Die Kaiserinwitwe bringt mich in ein Zimmer, in dem sich ihr Schmuck befindet. Drei Seiten des Raumes sind von Decke bis Boden mit Regalen versehen, auf denen Ebenholzkästen mit Schmuckstücken lagern. Einige der Kästen haben ein gelbes Etikett, auf dem der Inhalt verzeichnet ist. Cixi deutet auf eine Reihe Kästen und erklärt: „Hier befinden sich die Schmuckstücke, die ich täglich trage, die übrigen sind für besondere Anlässe. In diesem Raum lagern ungefähr 3000 Kästen, aber ich habe noch viel mehr Schmuck in einem zur Sicherheit verschlossenem Gemach.... „Bring mir nun die fünf Kästen aus der ersten Reihe im Regal!"

Cixi öffnet das erste Kästchen und entnimmt ihm eine wunderschöne Pfingstrose aus Koralle und Jade. Jedes Blütenblatt ist an einem dünnen Kupferdraht befestigt, sodass es beweglich ist und sich wiegt wie im Winde. Aus dem nächsten Kästchen holt sie einen wunderschönen Schmetterling, ebenfalls aus Jade und Koralle. Beide Schmuckstücke wählt sie für ihren Kopfputz. Die anderen Kästen enthalten Armreife und Ringe in verschiedenen Mustern. Es gibt goldene Reife mit Perlen oder Jade verziert und unterschiedlich lange Ketten aus schimmernden exquisiten Perlen.

Die Hofdamen kommen und bringen eine Auswahl von Gewändern, doch nichts findet Gnade vor den Augen der Herrscherin. Erst bei dem nächsten Angebot entscheidet sie sich für ein seegrünes Gewand, das mit gestickten Störchen verziert ist. Schnell nimmt sie die Schmetterlingsbrosche aus dem Haarschmuck und erklärt: „Du siehst, ich bin sehr genau und achte auf Details. Dieser Schmetterling ist zu grün. Er erschlägt die Stickerei auf meinem Gewand. Leg ihn zurück in den Kasten und bring mir den Perlenstorch aus dem Kästchen Nr.35!"

Zum Glück entdecke ich diesen Kasten auf dem Regal und bringe ihn der Kaiserinwitwe. Sie entnimmt ihm eine kostbare Brosche, die komplett aus Silber und Perlen besteht und einen Storch darstellt. Diese Brosche befestigt sie nun an ihrem Kopfputz, anschließend wählt sie eine mauve-farbige kurze Jacke, die ebenfalls mit Storchmotiven verziert ist, und zieht diese über ihr Storchengewand. Auch die Schuhe und das Taschentuch zieren Storchmotive. Fertig angezogen und geschmückt sieht sie aus wie eine vollkommene „Storchenlady".[2]

Cixi wurde in mehrere Schichten von Kleidern gehüllt. Zuunterst trug sie einen Schurz aus Baumwolle und Seidenpantalons, dann folgte ein Hemd aus Flanell und darüber lag eines ihrer prachtvollen Seidenkleider.

Angekleidet werden musste die Kaiserinwitwe von Zofen, denn ihre Nägel waren außergewöhnlich lang, was in Mandschu-Kreisen als ein Zeichen der Vornehmheit galt. Cixis Fingernägel an den Kleinen Fingern und Ringfingern wiesen sogar eine Länge von sieben Zentimeter auf und steckten in Futteralen aus Gold und Jade. Zofen, mit deren Diensten die Kaiserinwitwe nicht zufrieden war, zerkratzte sie das Gesicht, und die Frauen mussten tagelang mit den entwürdigenden Striemen herumlaufen.

Der Kopfschmuck

Ein Eunuch, der nur für die Frisur der Kaiserinwitwe zuständig war, machte sich anschließend an seine schwierige Aufgabe. Cixi wollte nicht, dass ihr auch nur ein einziges Haar ausfiel, und sobald das passierte, muss er das corpus delicti unauffällig verschwinden lassen, um einer Strafe zu entgehen. Der Friseur scheitelte das lange schwarze Haar in der Mitte, flocht es und wand den Zopf auf dem Kopf in einen Knoten. Auf diesem wurde mit zwei Nadeln der Kopfputz befestigt. Es handelte sich hierbei um einen Rahmen aus Holz, Metall oder Elfenbein, der mit Seide oder Samt überzogen war. Dieses Gestell ragte an beiden Seiten über den Kopf hinaus. Je nach Anlass war es mit Jade, Perlen, Korallen und anderen Edelsteinen geschmückt. Cixi liebte besonders frische Blumen in ihrem Kopfschmuck, die sie gerne selbst befestigt.

Da Mandschu-Damen diese aufwändigen Frisuren als schön empfanden, verwundert es nicht, dass sie der Überzeugung waren, westliche Frauen würden sich nicht kämmen. Frau Dr. Headland berichtet, dass ihre chinesischen Freundinnen, wenn sie die Ärztin jemand Fremdem vorstellten, diese immer mit den Worten entschuldigten: *„Machen Sie sich nichts aus ihren Haaren; sie ist immer so beschäftigt, dass sie keine Zeit hat, sich zu kämmen. Sie nützt ihre Zeit, um wohltätig zu sein. "*[4] Auch die Kaiserinwitwe hatte von den seltsamen Frisuren der Diplomatengattinnen gehört und schrieb diesen Umstand dem Mangel an Kämmen zu. So erhielt jede der Damen bei ihrem ersten Besuch in der Verbotenen Stadt unter anderem zwei Schachteln mit Kämmen, einmal edle Elfenbeinkämme, die mit Gold verziert waren, und dann ganz normale Holzkämme in unterschiedlichen Größen für den täglichen Gebrauch.

Die Schuhe

Im Unterschied zu den Chinesinnen hatten die Mandschu-Frauen, wie schon erwähnt, keine gebundenen Füße und Cixi verabscheute derartige Verunstaltungen. Mehr als einmal erließ sie ein Edikt, in dem sie „empfahl", diese barbarische Sitte aufzugeben. Sie empfahl es nur, da sie wahrscheinlich wusste, dass es ihr nicht gelingen würde, die Han-Chinesen davon zu überzeugen, denn die Mode der „Lilienfüße" war uralt und stand im Zusammenhang mit der sagenhaften Dame Pan, die mit winzigen Füßen vor dem Sohn des Himmels auf einem goldenen Lotusblatt getanzt haben soll.[4] Damit Mandschu-Frauen aber auch kleine hüpfende Schritte vollführen konnten, die als weiblich und elegant galten, balancierten sie auf Schuhen mit hohen Plateausohlen. Die Sohle war in der Mitte des Fußes angebracht und stützte nur den Ballen. Sie bestand aus Holz oder Kork und wurde mit weißem Ziegenleder überzogen. Cixi war eine kleine Frau mit einer Größe von nur 152 cm; um größer und beeindruckender zu erscheinen, trug sie deshalb Schuhe mit 15 cm hohen Absätzen.

Traditionelle Feste

Die Pflichten der Herrscherin wurden weitgehend von traditionellen Bräuchen und Festen bestimmt. Am ersten Tag des 4. Mondmonats im Jahre 1903 zeigte sich die Herrscherin besorgt über den seit zwei Monaten und sieben Tagen ausbleibenden Regen. Die Ernte der Bauern verdorrte auf den Feldern; es musste etwas unternommen werden. Zunächst betete die Kaiserinwitwe nach der morgendlichen Audienz zehn Tage lang um eine Wetteränderung, aber ohne Erfolg. Am zehnten Tag dann verhielt sie sich ganz ruhig und sprach zu niemanden. Erst gegen Abend teilte sie Hofdamen und Eunuchen mit, dass sie zwei oder drei Tage lang kein Fleisch mehr essen würde und dass innerhalb der Palasttore von Peking kein Schwein mehr geschlachtet werden dürfe. Die Götter sollten sehen, dass jeder Opfer bringe und sie würden dann hoffentlich Erbarmen zeigen. Auch der Kaiser durfte kein Fleisch zu sich nehmen und musste in den Tempel innerhalb der Verbotenen Stadt reisen, um dort *Chin Tan*, eine Opferzeremonie abzuhalten; die Kaiserinwitwe würde ihn dorthin begleiten. Zuerst wurde jedoch im Sommerpalast gebetet und eine ganz spezielle Feier veranstaltet. Prinzessin Der Ling berichtete:

An diesem Morgen lässt sich die Herrscherin keinen besonderen Schmuck bringen und kleidet sich in eine einfache graue Robe, dazu trägt sie graue Schuhe und natürlich auch ein graues Taschentuch. Eunuchen haben frische Weidenzweige gebracht. Cixi pflückt davon einige

Blätter ab und steckt sie sich ins Haar, dann befiehlt sie allen Hofdamen, Prinzessinnen und Eunuchen, es ihr gleich zu tun. Der Kaiser befestigt einen Weidenzweig an seinem Hut. Im Kleinen Pavillon vor dem Palast ist ein Tisch hergerichtet, auf dem zwei prächtige Porzellanvasen mit Weidenzweigen stehen. Die Kaiserinwitwe verbrennt etwas Sandelholz in der Räucherschale und kniet sich dann auf ihr gelbes Seidenkissen, um zu beten. Hinter ihr knien ebenfalls die junge Kaiserin, die Prinzessinnen und alle Hofdamen. Sie beten:

Wir rufen die Himmel an und bitten alle Buddhas:
Habt Erbarmen mit uns!
Rettet die armen Bauern vor dem Verhungern!
Wir wollen für sie opfern.
Bitte Himmel, schicke uns Regen!

Dreimal wird das Gebet wiederholt und dreimal verbeugen sich alle. Von nun an muss diese Zeremonie täglich ausgeführt werden, bis es endlich regnet.

Die Kaiserinwitwe erklärte der Prinzessin, dass die Buddhisten glauben, die Weide könne Regen bringen, und dass die Gläubigen sich entsprechend einem alten Brauch deshalb mit den Blättern schmückten.[5] Am sechsten Tag des 4. Mondmonat verdunkelte sich endlich der Himmel und dann regnete es drei Tage ohne Unterlass. Alle, Majestäten, Hofdamen und Eunuchen, waren erleichtert und glücklich. Li Lien-ying wollte das freudige Ereignis und die Bemühungen der Kaiserinwitwe würdigen und verlieh ihr den Ehrentitel „Alter Buddha", was die Herrscherin erfreute.

Als gläubige Buddhistin feierte Cixi gewissenhaft alle religiösen und traditionellen Feste im Jahresverlauf. Auch davon erfahren wir von Der Ling.

Das Fest der fünf giftigen Insekten – Das Drachenbootfest

Am ersten Tag des fünften Mondmonats begann das „Fest der fünf giftigen Insekten". Es dauerte fünf Tage lang und war eine sehr geschäftige Zeit für alle am Hofe, denn Vizekönige, Gouverneure, Hohe Beamte, die Kaiserliche Familie, Hofdamen und Eunuchen mussten die Kaiserinwitwe beschenken. Der Ling war tief beeindruckt:

Nie zuvor sah ich so viele schöne Geschenke zum Palast kommen. Zu jedem Präsent gehört ein gelbes Papier, in dessen unterer Ecke der Name des Senders und der Inhalt des Pakets verzeichnet sein muss. Dazu gehört das Wort Kuai Jin, was bedeutet, dass das Geschenk nur kniend übergeben werden darf. Die Eunuchen bringen die Gaben auf großen gelben Tabletts. Es gibt alles nur Erdenkliche, so sind da Haushaltsgegenstände, Seidenstoffe, Stickereien, Schmuck aller Art, daneben wunderschön geschnitzte Stühle und Dinge aus fernen Ländern. Die Kaiserinwitwe befiehlt, dass alles weggebracht werden soll, nur die ausländischen Dinge bleiben in ihrem Palast, denn sie möchte sich näher mit ihnen befassen.

Am dritten Tag des Festes dürfen nur die Bewohner und Angestellten des Palastes der Kaiserinwitwe Geschenke machen. Als erstes übergibt die junge Kaiserin ihr zehn Paar selbstgenähte und kunstvoll verzierte Schuhe, bestickte seidene Taschentücher, kleine Beutel für Betelnüsse oder für Tabak. Meine Mutter hat aus Paris französische Spitzen, Fächer, Parfüm, Seife und Möbel im Empire Stil kommen lassen, denn schon nach kurzer Zeit am Hofe wissen wir, was Ihrer Majestät gefällt und auch, dass sie genau registriert, wer was geschenkt hat und ob dieses Geschenk passt oder nicht.

Am vierten Tag beschenkt die Kaiserinwitwe selber alle Prinzen, Minister, Angestellten, Hofdamen und Eunuchen entsprechend der Gaben, die diese selbst gegeben haben. Die junge Kaiserin und die Hofdamen erhalten jede ein wunderschön besticktes kostbares Gewand und einige hundert Taels. Für uns Damen Yu Ken hat sie verschiedene chinesische Kleidungstücke anfertigen lassen, da wir ja größtenteils westliche Kleidung besitzen. So erhalten wir jeweils zwei wertvoll bestickte Garderoben, verschiedene einfache Jacken und Westen, Schuhe und Blumen für den Mandschu-Kopfputz. Ich erhalte auch ein Paar prachtvolle Ohrringe, und sie sagt meiner Mutter: „Tai Tai Yu Ken, Sie bevorzugen Rongling. Diese trägt Ohrringe aus Jade und Perlen, Der Ling dagegen nur einen Goldreif." Meine Mutter versucht zu erklären, dass ich keine schweren Ohrringe haben will, aber die Kaiserinwitwe lacht nur und meint, ich würde mich daran gewöhnen, was auch stimmt. [6]

Der Ling lernte auch, was es mit dem „Fest der fünf giftigen Insekten" auf sich hat.

Am fünften Tag des fünften Mondmonats genau um 12 Uhr mittags beginnt die giftigste Stunde für die giftigen Insekten und Reptilien. Frösche, Eidechsen und Schlangen verstecken sich bis 13 Uhr im Schlamm und stellen sich tot. Manche Medizinmänner suchen während dieser Zeit nach ihnen, bewahren die gefundenen Tiere in Gläsern auf und benutzen sie in getrocknetem Zustand als Medizin. An diesem besonderen Tag führt die Kaiserinwitwe das folgende Ritual aus: Um 12 Uhr mittags füllt sie eine Tasse mit Alkohol und verrührt darin ein schwefelartiges gelbes Pulver. Dann nimmt sie einen schmalen Pinsel, tunkt ihn in die Flüssigkeit und tupft anschließend ein paar gelbe Punkte unter die Nasenlöcher und Ohren ihrer Hofdamen. Dieser Brauch soll Insekten davon abhalten, die Damen während der Sommermonate zu belästigen![7]

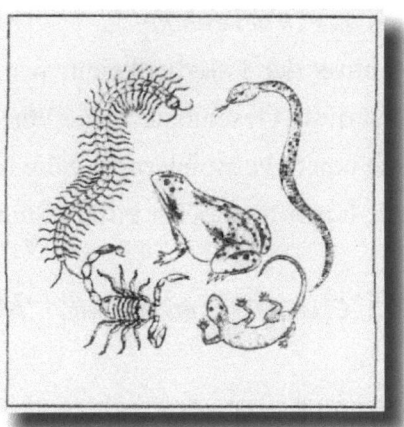

Die fünf Gifttiere sind Tausendfüßler, Skorpion, Eidechse, Frosch und Schlange.

Als Höhepunkt der Festlichkeiten wurde am fünften Tag des Fünften Mondmonats auch das Drachenbootfest gefeiert. Cixi erzählte ihren Hofdamen vom Ursprung des Festes:

Während der Zeit der Chou-Dynastie war das Land in mehrere Staaten aufgeteilt, von denen jeder seinen eigenen Herrscher hatte. Alle Reiche kämpften ständig um die Vormacht. Im Staat Chou riet deshalb der Premierminister Chi Yuan seinem Kaiser, sich mit den anderen sechs Staaten zu verbünden, um Frieden zu haben, der Kaiser aber wollte davon nichts wissen. Chi Yuan war sehr verzweifelt und fürchtete, dass Chou bald angegriffen und besiegt werden würde. Das wollte er nicht miterleben, und so beschloss er seinem Leben ein Ende zu setzen. Am fünften Tag des fünften Mondmonats ertränkte er sich im Fluss. Auf den Tag genau ein Jahr später bestieg der Kaiser ein Drachenboot und warf Reiskuchen in den Fluss, um die Seele des Verstorbenen zu ehren. Seit jener Zeit feiert man jährlich das Drachenbootfest. [8]

Zum Abschluss der Feierlichkeiten wurde im Theater der Palastanlage zuerst diese Geschichte aufgeführt, und anschließend zeigte eine Gruppe von Schauspielern, wie die Insekten versuchten sich zu verstecken, bevor die höchst giftige Stunde begann.

Das Mittherbstfest oder Mondfest

Am fünfzehnten Tag des achten Mondmonats feierte man das Mittherbstfest, auch Mondfest genannt. Es geht auf den chinesischen Glauben zurück, dass der Mond nicht immer

vollkommen rund ist, an diesem Tag aber perfekt sein soll. Wie es am chinesischen Kaiserhof um die Jahrhundertwende gefeiert wurde, auch davon berichtete Der Ling.

Nur die Hofdamen vollziehen die Zeremonien. Sie verehren den Mond von dem Moment an, da er am Himmel erscheint. Ansonsten verläuft das Fest wie schon das Drachenbootfest: es werden wieder Geschenke ausgeteilt und ein Theaterstück aufgeführt. Der Inhalt:

Auf dem Mond lebt ein wunderschönes Mädchen, dessen einziger Gefährte ein weißer Hase mit Namen Jadehase ist. Eines Tages flieht der Jadehase vom Mond und kommt als junges Mädchen zur Erde. Zur gleichen Zeit lebt auf der Sonne ein goldener Hahn, der die Flucht des Hasen beobachtet. Er beschließt auch zu Erde hinabzusteigen und sich dabei in einen jungen Prinzen zu verwandeln. Natürlich treffen sich die beiden und verlieben sich ineinander. – Nun lebt aber auf der Erde ein roter Hahn, der die Geschichte beobachtet. Auch er will das Mädchen erobern und verwandelt sich deshalb ebenfalls in einen Prinzen. Sein Problem ist jedoch, dass sein Gesicht die rote Farbe behält. Da hat er natürlich bei der hübschen Jungfer keinen Erfolg. Inzwischen bemerkt das Mädchen im Mond das Verschwinden ihres Hasen. Sie schickt die himmlischen Soldaten zur Erde, den treulosen Jadehasen zurückzuholen. Alleingelassen beschließt der Prinz traurig, auch wieder als goldener Hahn zur Sonne zurückzukehren. [9]

Die Geschichte vom Hasen im Mond hat in China eine Jahrhunderte alte Tradition und wird in vielen Varianten erzählt. Es ist gut möglich, dass Cixi diese Version selbst verfasst hatte, da sie es liebte, Theaterstücke und Opern zu schreiben.

Der Mandschu-Ehrentag

Am sechsundzwanzigsten Tag des achten Mondmonats wurde ein Fest gefeiert, das für die herrschenden Mandschus von besonderer Bedeutung war. Er ging auf folgende Legende zurück:

Zu Beginn der Mandschu-Dynastie musste Kaiser Shung Chih hart kämpfen, um auf den Thron zu kommen. Am sechsundzwanzigsten Tag des achten Mondmonats hatten der Kaiser und seine Soldaten keinerlei Proviant mehr. Um nicht zu verhungern, ernährten sie sich von den Blättern der Bäume und deren Rinde. Das half ihnen zu überleben und zum Sieg.

Bis heute erinnert man sich an diese heldenhafte Tat und alle Mandschus, insbesondere die am Hofe, verzichten an diesem Tag auf jederlei Luxus. Es wird nur in Gemüseblätter gefüllter Reis gegessen, denn Fleisch ist tabu. Selbst die Essstäbchen werden verbannt und jeder, auch die Kaiserin, isst mit den Fingern.[10]

Für Der Ling, die viele Jahre im Ausland gelebt hatte, war dieser Feiertag etwas Neues.

Die kaiserliche Gärtnerin

Wenn keine traditionellen Feste gefeiert wurden, hatte die Kaiserinwitwe Zeit für sich und konnte sich nach den Morgenaudienzen ihren Hobbys widmen. Am liebsten begab sie sich mit ihrem Gefolge in die Parks und Gärten. Für Der Ling war das besonders interessant, da sie in Paris nur am Stadtleben und den gesellschaftlichen Anlässen teilgenommen hatte. Im Sommerpalast beobachtete sie:

Zu Beginn des achten Mondmonats nimmt Ihre Majestät immer am Umpflanzen der Chrysanthemen teil, denn diese Blumen gehören zu ihren Lieblingspflanzen. Jeden Tag nimmt sie uns Hofdamen mit zur westlichen Seite des Sees, und dort schneidet sie mit unserer Hilfe die Spitzen der Pflanzen ab und steckt sie in Blumentöpfe. Das erstaunt mich sehr, denn es gibt keine Wurzeln, nur Stiele und Blüten. Aber die Kaiserinwitwe versichert mir, dass daraus bald schöne Pflanzen werden. Von nun an besuchen wir das Beet jeden Tag und gießen, bis sich Knospen bilden. Wenn es einmal heftig regnet, müssen die Eunuchen Matten über den Pflänzchen anbringen, damit diese nicht geknickt werden.

Es ist typisch für Ihre Majestät, dass ihre Pflanzen an erster Stelle kommen, egal welch andere Verpflichtung sie hat, und manchmal verzichtet sie sogar auf ihre Mittagsruhe, wenn sie vorher keine Zeit hatte, den Garten zu besuchen. In diesem Garten hat sie auch Apfel-, Birnen- und andere Obstbäume pflanzen lassen, nach deren Gedeih sie immer Ausschau hält. Gegen Ende des achten Mondmonats reifen dann die Flaschenkürbisse, und wir gehen jeden Tag dorthin, um den Fortschritt zu begutachten. Die Kaiserinwitwe sucht die perfektesten aus, d. h. die mit der schmalsten Mitte und bindet darum ein Band, um sie nicht aus den Augen zu verlieren. Sobald die Kürbisse reif sind, werden sie abgeschnitten und die Kaiserinwitwe schabt die äußere Haut mit einem Bambusmesser ab, dann wird die Frucht mit einem nassen Tuch abgerieben und zum Trocknen gelegt. Nach ein paar Tagen werden die Kürbisse braun und sie können als Schmuck im Sommerpalast aufgehängt werden. In einem Raum gibt es über 10.000 Kürbisse in verschiedenen Formen. Es ist die Aufgabe der Hofdamen, sie mit einem Tuch abzureiben, damit sie schön glänzen. Zu Beginn des neunten Mondmonats haben die Chrysanthemen dann Knospen gebildet, und es ist die Aufgabe der Hofdamen, täglich die Pflanzen zu untersuchen und alle Knospen bis auf eine zu entfernen. Diese eine soll sich bis zum Ende des Monats kräftig und formvollendet entwickeln. Die Damen müssen stets darauf achten, dass ihre Hände kühl sind, denn heiße Hände könnten die Blätter leiden lassen. Die Kaiserinwitwe zeigt bei den Chrysanthemen eine besondere Gabe. Wenn sie eine Pflanze genau betrachtet, kann sie voraussagen, welche Farbe ihre Blüte haben wird. Ein Eunuch schreibt das auf einen Bambusstreifen, der zur Pflanze gesteckt wird. Ihre Majestät irrt nicht ein einziges Mal, und als ich sie frage, wie das möglich ist, antwortet sie: „Ein Geheimnis!" [11]

Die Fotografie

Da Cixi sehr eitel war und sich stets nur prunkvoll gekleidet präsentierte, war es nicht verwunderlich, dass sie sich auch für ihre eigene bildliche Darstellung interessierte. Als sie die fotografischen Portraits anderer Herrscher, zum Beispiel die von Queen Victoria und vom russischen Zaren mit der Zarin zu sehen bekam, gefielen ihr diese Darstellungen und neugierig, wie sie war, wollte sie sich auch fotografieren lassen. Prinzessin Der Ling wusste hier ebenfalls Rat und schlug ihren Bruder als Fotografen vor. Xun Ling, der älteste Sohn der Familie Yu Ken, der als Privatsekretär seines Vaters agierte, hatte sich während des Aufenthaltes der Familie in Japan mit Fotografie beschäftigt und sein Wissen später in Paris ergänzt. Da kein professioneller Fotograf den Palast betreten konnte, schlug Der Ling der Kaiserinwitwe ihren Bruder als Fotografen vor, denn zufälligerweise hielt sich Xun Ling zu diesem Zeitpunkt während des Tages sowieso im Palastgelände auf. Es war nämlich Sitte, dass die männlichen Nachkommen der Mandschu-Offiziellen zwei bis drei Jahre am Hof verbrachten und hier eine Art Lehre durchliefen. Ein Treffen zwischen Xun Ling und Cixi wurde vereinbart. Der Fotograf würde am nächsten Tag seine Plattenkameras und seine Laborausrüstung zum Entwickeln der Fotos mitbringen. Bevor er aber in die Stadt zurückkehrte, musste er der wissbegierigen Cixi noch einige Fragen beantworten und Anweisungen befolgen.

Kannst du bei jedem Wetter fotografieren? Was muss für die Aufnahmen vorbereitet werden? Wie lange wird es dauern?

Wann sind die Fotos entwickelt? Kann ich dir bei der Arbeit zuschauen?

Ich möchte, dass das erste Foto von mir gemacht wird, wenn ich zur Audienz getragen werde. Sei also um acht Uhr morgen früh bereit. Später haben wir Zeit für weitere Fotos.[12]

Am nächsten Morgen ließ sich die Kaiserinwitwe zuerst all die seltsamen Plattenkameras genau erklären, dann befahl sie einigen Eunuchen sich aufzustellen und schaute fasziniert auf die Mattscheibe. Erstaunt rief sie aus: *„Es steht ja alles auf dem Kopf!"* Nachdem ihr erklärt worden war, dass das endgültige Foto nicht so aussehen würde, freute sie sich über ihre Beobachtungsgabe und fand alles herrlich. Nun musste sich Prinzessin Der Ling in Position bringen und wurde betrachtet. Schließlich war Cixi bereit, sich selbst fotografieren zu lassen. Xun Ling schoss noch ein paar Fotos, während der Zug sich schon in Bewegung setzte. Als die Kaiserinwitwe das bemerkte, wurde sie ungehalten:

„Ich möchte genau wissen, wann ich fotografiert werde, damit ich nicht sorgenvoll, sondern freundlich aussehe!

Nach der Audienz ließ sich Cixi in unterschiedlichen Roben mit dem passenden Schmuck ablichten. Dann wollte sie sehen, wie die Fotos entwickelt wurden. Prinzessin Der Ling war anwesend:

Die Kaiserinwitwe erklärt: „Ich will mit dir gehen und zusehen, wie du arbeitest. Auch möchte ich einmal eine Dunkelkammer besichtigen, und es spielt keine Rolle, wie der Raum aussieht. Du musst vergessen, dass ich hier bin und deine Arbeit wie üblich machen."

Wir stellen einen Stuhl so hin, dass Ihre Majestät sich hinsetzen kann. Nachdem sie eine Weile still beobachtet hat, ist sie erfreut, dass die Platten sich so schnell entwickeln. Mein Bruder hält eine Platte gegen das rote Licht, damit sie genauer sehen kann. Sie sagt: „Es ist nicht sehr klar. Ich kann erkennen, dass ich es bin, aber warum sind mein Gesicht und meine Hände schwarz?"

Wir erklären ihr, dass wenn das Foto auf Papier gedruckt ist, die schwarzen Flächen weiß werden. Daraufhin erklärt sie lapidar: „Nun, man ist nie zu alt noch etwas zu lernen. Das hier ist wirklich neu für mich. Es tut mir nicht leid, dass ich mich habe fotografieren lassen. Hoffentlich gefällt mir mein gemaltes Portrait ebenso."

Zu meinem Bruder sagt sie: „Mach diese Fotos nicht fertig, bevor ich meine Nachmittagsruhe gehalten habe." Um halb vier steht sie auf, kleidet sich ungewöhnlich schnell an, um zu meinem Bruder zu gelangen. Dort schaut sie ihm zwei Stunden beim Arbeiten zu. Nachdem der Entwicklungsprozess abgeschlossen ist, legt mein Bruder die Bilder wie gewöhnlich in ein Fixierbad und wäscht sie dann in klarem Wasser. Sobald die Kaiserinwitwe sieht, wie scharf die Fotos geworden sind, ruft sie erstaunt aus: „Wie außergewöhnlich! Alles ist lebensecht!"

Als schließlich alles fertig ist, nimmt sie sämtliche Fotos mit in ihre Räumlichkeiten, setzt sich dort auf ihren kleinen Thron und betrachtet sie ein ganze Zeitlang. Sie nimmt sogar ihren kleinen Spiegel, um ihr eigenes Aussehen mit den Fotografien zu vergleichen.[13]

Auch künftige Aufnahmen inszenierte Cixi genauestens. Die Technologie begeisterte sie; sie bestimmte selbst den Ort des Geschehens, wählte die Kostüme und Requisiten. Dabei zeigte sich ihre Kreativität und die Liebe zum Theater und zur Dramaturgie. Die Portraits waren sorgfältige Kompositionen mit Pflanzen, Blüten und Früchten. Sie gefielen der Kaiserinwitwe so gut, dass sie Abzüge machen ließ, die Diplomaten als Geschenke überreicht wurden.

Cixi als Guan-yin, Göttin der Barmherzigkeit, mit ihren Obereunuchen als begleitende göttliche Wesen

Offizielles Foto der Kaiserinwitwe

14. Aus Fremden werden Freunde

Sarah Pike Conger - die Vermittlerin

Die frühesten Eindrücke, die der Westen von Cixi bekam, gingen auf die Beschreibungen der diplomatischen Besucher und der Journalisten vor 1898 zurück; es waren fast ohne Ausnahme Männer, die Negatives zu berichten hatten. Mit Sarah Pike Conger meldete sich erstmals ein Frau zu Wort. Mrs. Conger, die Ehefrau des amerikanischen Gesandten Edwin Hurd Conger, kam mit ihrem Mann im Jahre 1898 nach Peking. Sie war eine intelligente junge Frau, die am Lombard College (Illinois) und am Bryant & Stratton Business College (Ohio) studiert und ihren Abschluss gemacht hatte. Ihrem Mann, einem Rechtsanwalt und Politiker, folgte sie nach Washington und weiter nach Brasilien, wo er als US-Außenminister tätig war. Die Versetzung nach China, einem im Westen kaum bekannten Land, bedeutete eine große Herausforderung für das Ehepaar. Sarah Conger zeigte sich selbstbewusst und offen für alles Neue. Ihre internationale Erfahrung und ihr Intellekt erlaubten es ihr, sich über Konventionen hinwegzusetzen. Sie führte einen eifrigen Briefwechsel mit ihrer Familie und Freunden, wobei sie ihre Erfahrungen und Überzeugungen klar zum Ausdruck brachte. 1909 erschienen diese Briefe erstmals in Buchform *"Letters from China"*. Sie sind ein authentischer Bericht vom Leben im chinesischen Kaiserreich um die Jahrhundertwende.

Begierig, alles über das fremde Volk und sein Land zu lernen, sah Sarah Conger es als ihre Pflicht an, das Verständnis zwischen den einzelnen Nationen zu stärken. Zu diesem Zeitpunkt hatten die Länder Russland, Amerika, Großbritannien, Frankreich, Japan, Deutschland, Österreich und Italien Gesandtschaften in der chinesischen Hauptstadt, aber es gab keine sozialen Kontakte mit dem Hof. Das arrogante Verhalten der Ausländer gegenüber den Chinesen störte Frau Conger besonders. Schon kurz nach ihrer Ankunft schrieb sie an ihren Neffen:

Ich bin hier und beobachte. Ich wundere mich nicht, dass die Chinesen die Fremden hassen. Die Ausländer geben sich oft fordernd und unnachsichtig in diesem Kaiserreich, das ihnen nicht gehört. Oft behandeln sie die Chinesen wie Hunde, die keine Rechte haben – kein Wunder, dass diese knurren und zuweilen beißen.[1]

Von Anfang an zeigte Sarah Conger Respekt für die Kaiserinwitwe, die in der westlichen Presse als machtbesessene Hexe verschrien war, obwohl kaum jemand die Herrscherin je zu Gesicht bekommen hatte. Fremde durften die Verbotene Stadt nur auf Einladung besuchen, und Einladungen wurden möglichst selten ausgesprochen. Vor 1889 hatte kein ausländischer Gesandter die Gelegenheit gehabt, Cixi zu sehen, geschweige denn zu sprechen. Erst anlässlich ihres 64. Geburtstages, im Jahre 1889, war die Kaiserinwitwe zum ersten Mal westlichen Frauen, den Gattinnen der Diplomaten begegnet. In der Folgezeit hatten sich jedoch die Beziehungen zwischen Chinesen und Ausländern verschlechtert, und schließlich kam es zum schon erwähnten Boxeraufstand und zur Belagerung der Gesandtschaften. Während des Aufstandes vom Sommer 1900 war auch Sarah Conger 55 Tage lang in der britischen Botschaft gefangen und musste um ihr Leben fürchten. Dennoch entwickelte sie keinen Hass gegenüber den Chinesen. Nach der Rückkehr der Regenten und des Hofstaates in die Kaiserstadt am 7. Januar des Jahres 1902 versuchte sie, zwischen Chinesen und Westlern eine Beziehung von gegenseitigem Verstehen und Vertrauen herzustellen. Deshalb öffnete sie die amerikanische Gesandtschaft für gemeinsame Besuche von Mandschu-Frauen und Chinesinnen. Dieser private Kontakt mit dem kaiserlichen Hof wurde von den in Peking lebenden Ausländern, in diplomatischen Kreisen und von den christlichen Chinesen nicht gerne gesehen. Eine der Damen schrieb nach Hause (Mrs. Archibald Little, zitiert in Sergeant):

Die Frau des amerikanischen Ministers spricht von „meiner Freundin, der Kaiserinwitwe" oder „Ihrer Majestät". Aber jeder ausländische Besuch beim „Alten Buddha", wie die Chinesen die Kaiserinwitwe nennen, lässt die getauften chinesischen Frauen bitterlich weinen und protestieren, denn sie denken an ihre ermordeten Verwandten, die sie als Märtyrer ansehen.[2]

Auch in der westlichen Presse wurde Sarah Conger als die Frau diffamiert, welche die Hand hielt, die mit dem Blut der Christen gewaschen wurde.

Das Foto, das die beiden Frauen Hand in Hand zeigt, ist außergewöhnlich.
Es ist das einzig existierende Foto, auf dem Cixi eine Ausländerin berührt.

Cixi hingegen wurde von den konservativen Kräften am Hof beschuldigt, sich mit den fremden Christen anzufreunden. Sie empfanden die Schmach der Chinesen nach der Niederschlagung des Boxeraufstandes, der abermaligen Zerstörung des Sommerpalastes und der Forderung von 1,4 Milliarden Goldmark Wiedergutmachung. Dennoch gab Sarah Conger nicht auf, sich um gute Beziehungen zwischen den westlichen Mächten und dem kaiserlichen Hof zu bemühen. Im Juni des Jahres 1903 hatte sie eine außergewöhnliche Idee. Sie schrieb dazu ihrer Tochter:

Schon seit Monaten bin ich empört über die schrecklichen und unfairen Karikaturen von Ihrer Kaiserlichen Majestät

in den Zeitungen, und ich habe den dringenden Wunsch, die
Welt möge mehr sehen, wie sie wirklich ist. Deshalb kam mir
die Idee, ein Porträt von ihr malen zu lassen. Ich habe die
Künstlerin Frau Carl kontaktiert, und sie hat eingewilligt,
mit mir zu kooperieren.[3]

Die Idee war äußerst kühn, denn in China wurden Porträts erst nach dem Tod der jeweiligen Person gemalt. Diese sehr stilisierten Bilder kamen anschließend in den Ahnenschrein und waren Objekte des Respekts und der Verehrung. Der Hof fand den Plan eines Portraitierens nicht gut, denn es könnte Unglück bedeuten, wenn die Herrscherin schon zu Lebzeiten gemalt würde. Cixi selbst war im Zweifel, weil ihre Zustimmung bedeutete, dass sich eine Fremde für längere Zeit im Palast aufhalten musste, und außerdem war sie sich über den Wert der westlichen Malerei nicht im Klaren. Nachdem Sarah Conger sie jedoch genau über Katherine Carl informiert hatte und auf das Portrait von Prinzessin Der Ling hinwies, stimmt sie schließlich zu. Dass ihr Portrait auf der Weltausstellung in St. Louis/USA im Jahre 1904 gezeigt werden sollte, wird zu ihrer Entscheidung beigetragen haben.

Katherine A. Carl - Die Malerin

Katherine Carl in chinesischer Winterkleidung [4]

Die Amerikanerin Katherine Augusta Carl wurde in New Orleans geboren und studierte Malerei in Paris. Im Jahre 1904 befand sich die Künstlerin in China, wo sie ihren Bruder besuchte, der hier im Zolldienst beschäftigt war. Natürlich verkehrte sie während dieser Zeit mit den Angehörigen der Gesandtschaften und lernte bei den gesellschaftlichen Treffen auch Sarah Conger kennen, die sie für ihren Plan, die Kaiserinwitwe zu portraitieren, begeisterte. Sobald Cixi ihre Zustimmung gegeben und von den Hofastrologen ein günstiges Datum genannt bekommen hatte, wurde Katherine Carl an den Hof eingeladen. Die Malerin K. Carl war die erste und einzige westliche Frau, die mehrere Monate in der Verbotenen Stadt lebte und in engen Kontakt mit der Kaiserinwitwe kam. Als Mitglied des Hofstaates hatte sie die einmalige Gelegenheit, das wirkliche Leben hinter den Mauern zu erfahren. Sie malte während ihres Aufenthaltes nicht nur vier Portraits der Kaiserinwitwe, sie veröffentlichte auch ein Buch mit dem Titel *"With the Empress Dowanger of China"*. Es wurde ein Buch voller Geschichten. Sie erzählt darin vm Hofleben zu allen Jahreszeiten, von den Festlichkeiten, den Spaziergängen im Park, den Theateraufführungen, von Konkubinen, Eunuchen und dem unglücklichen Kaiser Guangxu. Vor allem war es aber die Geschichte von der Arbeit an dem großen Portrait, den Schwierigkeiten bei den Sitzungen mit dem Szenenaufbau, mit dem Licht, mit dem Versuch, die künstlerischen Traditionen des Westens mit denen des Ostens zu vereinen und dabei den Charakter der Kaiserinwitwe auf die Leinwand zu bringen.

Nach einer der ersten Sitzungen beschrieb Katherine Carl Cixi äußerst wohlwollend, eine Beschreibung, die nicht in allen Punkten mit den Beobachtungen Der Lings übereinstimmte:

Sie sitzt aufrecht auf ihrem Thron und schaut mich durchdringend an. Ihre Figur ist perfekt proportioniert, der Kopf sitzt gerade auf den Schultern, eine gute Präsens; wirklich schöne Hände, zierlich geformt; ein symmetrischer, wohlgeformter Kopf, wohlentwickelt hinter ziemlich großen Ohren; pechschwarzes Haar, sanft gescheitelt; feine, schön gebogene Augenbrauen, leuchtende schwarze Augen, perfekt gerade platziert; eine hohe Nase in der Art wie sie die Chinesen als „adlig" bezeichnen, breit zwischen den Augen und übereinstimmend mit der Stirn; die Oberlippe von großer Stärke, ein großer aber schöner Mund mit lebhaften roten Lippen, welche, wenn geöffnet über ihren starken weißen Zähnen, ihrem Lächeln einen seltenen Charme verleihen; ein strenges Kinn, das jedoch nicht übertriebene Härte und Halsstarrigkeit ausdrückt. Wüsste ich nicht, dass sie 69 Jahre alt ist, würde ich sie für eine guterhaltene Frau von vierzig Jahren einschätzen. Als Witwe verwendet sie kein Make-up. Ihr Gesicht hat einen natürlich gesunden Glanz und man bemerkt die intensive Pflege und Aufmerksamkeit, die sie auf ihre Toilette verwendet. Sie zeigt einen exquisiten Geschmack in der Wahl von Farben und Ornamenten, die ihr zu Gesicht stehen und ihre jugendliche Erscheinung hervorheben. Der interessierte Blick an ihrer Umgebung und eine bemerkenswerte Intelligenz krönen alle diese körperlichen Qualitäten und machen eine ungewöhnlich attraktive Persönlichkeit aus.[5]

Frau Carl wurde zu den täglichen Spaziergängen der Kaiserinwitwe eingeladen und hatte dabei die Möglichkeit, die Frau, die sie portraitieren sollte, genauer kennenzulernen. In ihrem Tagebuch hielt sie fest:

Die Herrscherin hat Blumen, wo immer sie sich aufhält: in ihren privaten Gemächern, in den Thronsälen, in ihrer Theaterloge, selbst im großen Audienzsaal, wo sie nur weilt, um Staatsaffären zu erledigen und offizielle Audienzen abzuhalten. In allen diesen Räumen gibt es stets eine Fülle von Blüten und Pflanzen in Vasen und Kübeln. Sie geht zwischen den Blumen in ihren Räumen umher, berührt sie zart, saugt ihren Duft ein und erfreut sich daran. Höchst persönlich sorgt sie dafür, dass die Pflanzen im richtigen Licht stehen. Sommer wie Winter trägt sie in ihrem Kopfschmuck frische Blüten.[6]

An anderer Stelle bemerkt sie:

Bei einem unserer Spaziergänge entdeckt eine der Prinzes-sinnen eine Laubheuschrecke und versucht umständlich diese zu fangen. Es gelingt ihr aber nicht. Da beweist die Herr-scherin wieder einmal, in welchem Gleichklang sie mit der Natur lebt. Ganz ruhig verharrt sie, streckt ihre Hand aus und ahmt den Gesang (das Zirpen) der Heuschrecke nach. Das Insekt bewegt sich zur ausgestreckten Hand hin, lässt sich darauf nieder. und bleibt so lange sitzen, bis die Kaiserinwitwe es ins Gras gleiten lässt.[7]

Die bevorzugten Haustiere der Chinesen waren seit alters her Vögel, und Cixi hatte auch eine besondere Vorliebe für diese fliegenden Kreaturen. Die Malerin Carl erzählte von folgender Begebenheit:

Eines Tages spaziert die Kaiserinwitwe mit ihrem Gefolge im Park. Sie hat einen Wanderstab in der Hand, den ein Eunuch aus einem jungen Sprössling für sie geschnitten hat, denn man weiß, die Kaiserinwitwe liebt den frischen Geruch des gehäuteten Holzes. Mit diesem Stock zeigt sie unterwegs auf Blüten, die gepflückt werden sollen, oder sie malt damit Zeichen in den Sand.

Da bemerkt sie einige Eunuchen, die versuchen, einen entflogenen Vogel dazu zu bewegen, wieder in den Käfig zurückzukehren. Sie benutzen eine lange Stange, an deren Ende ein Holzstückchen befestigt ist, auf das sich der Ausreißer setzen soll. Als die Männer die Herrscherin entdecken, wollen sie sich schnell aus dem Staub machen. Der aufmerksamen Cixi entgeht jedoch nichts, und sie sagt: „Ich werde den Vogel zu mir rufen." Ich bin sehr erstaunt und denke „Die arme Frau, glaubt sie, weil sie Kaiserinwitwe ist und alle Menschen ihr zu Füßen liegen, dass auch der Vogel ihrem Befehl gehorcht? Sie kann sich nur lächerlich machen."

Die Kaiserinwitwe aber hebt ihren Stab, geht zum Baum, schaut den Vogel intensiv an und macht dann mit ihren Lippen einen flötengleichen Laut, der das Tier magisch anzuziehen scheint. Der kleine Vogel flattert mit den Flügeln und hüpft schließlich von Ast zu Ast nach unten, bis er sich auf der Krümmung ihres Stockes niederlässt. Mit ihrer freien Hand nähert sich Cixi vorsichtig dem Ausreißer, und der springt vertrauensvoll auf ihren Zeigefinger.[8]

In den Teehäusern erzählte man von Cixis seltenem Papagei, der anscheinend ein begnadeter Linguist war. Dieser weise alte Vogel

soll in günstigen Momenten der Regentin die schmeichelhaftesten Worte zugerufen haben, und die Kaiserinwitwe liebte ja Schmeicheleien, ganz gleich, ob sie von Menschen oder von einem Vogel kamen. Sie behauptete, diesem Vogel das Sprechen selbst beigebracht zu haben und zwar nach alter chinesischer Methode: Der Papagei wurde vor einen großen Spiegel platziert, hinter dem ein Mann stand, der zu ihm sprach. Der Vogel, der sein Bild im Spiegel sah und die Stimme hörte, dachte, ein anderer Vogel spräche mit ihm und begann eine Unterhaltung nach Papageienart.

Jedes Jahr zu ihrem Geburtstag kaufte Cixi – als Geste gegenüber der Kostbarkeit allen Lebens – zehntausend Käfigvögel und ließ sie in den Gärten des Sommerpalastes frei. Einige blieben zurück, andere ließen sich auf ihrer Schulter nieder und weigerten sich fortzufliegen, was die Herrscherin besonders erfreute. Die meisten aber erhoben sich in die Luft und entschwanden. Was Cixi natürlich nicht wusste war, dass die Eunuchen in den benachbarten Bäumen Netze gespannt hatten, um so viele Vögel wie möglich wieder einzufangen, die sie später auf dem Markt verkaufen konnten.[9]

Es war eine Aufgabe der Eunuchen, sich um sämtliche Tiere am Hofe zu kümmern, was nicht besagte, dass die Männer deshalb tierlieb waren. Der Ling berichtete auch von grausamen Verhaltensweisen:

Eines Tages gelingt es einem jungen Eunuchen, eine Krähe zu fangen. Eunuchen hassen Krähen, weil diese als unglücksbringende, widerwärtige Vögel angesehen werden und das Volk die Eunuchen als Krähen beschimpft. Die

kastrierten Männern rächen sich an den Vögeln auf grausame
Weise. Sie stellen Fallen auf und sobald ein Vogel gefangen
ist, binden sie an seine Füße einen großen Feuerwerkskörper.
Den zünden sie an und lassen das Tier dann fliegen. Der
Vogel glaubt seine Freiheit wieder zu haben und erhebt sich
sofort in die Luft, wo er alsbald in Stücke gerissen wird. Die
Tierquäler feiern das gelungene Schauspiel mit Wein.
Normalerweise lassen die Eunuchen den Vogel vor der Mauer
der Audienzhalle fliegen und sein Tod erfolgt erst, wenn er
schon hoch in der Luft ist. An besagtem Tag jedoch fliegt das
Tier in Richtung des Schlafgemachs der Kaiserinwitwe und
explodiert dort mit lautem Knall. Die Regentin erwacht und
ist äußerst erbost, als sie hört, was geschehen ist. Sofort wird
der Schuldige ausfindig gemacht und zu ihr gebracht. Der
Obereunuch befiehlt, dass der Mann auf den Boden gelegt
wird. Zu beiden Seiten des Körpers stellt sich ein Eunuch auf,
der mit einem dicken Bambusstab auf die Beine schlägt. Die
Strafe beträgt 100 Stockhiebe. Keinen Laut gibt der Schuldige
von sich und wird schließlich weggeschleppt.[10]

Das Portrait für die Weltausstellung

Endlich war es so weit, dass das Portrait für die Weltausstellung begonnen werden konnte. Die Kaiserinwitwe verlangte,
dass es ein großes Bild werden solle, auf dem alles Zubehör der
kaiserlichen Pracht dargestellt werden müsse. Es gehörten dazu:
die zeremoniellen Fächer, der dreifach zu faltende Paravent, die

neun Phönixe, Pflanzen des königlichen Bambus und Pyramiden aus Äpfeln – alles symbolische Gegenstände. Zuerst fertigte die Künstlerin eine Skizze an und Cixi war damit zufrieden. Dann wurde über die Größe verhandelt und während Katherine Carl 5x8 Fuß vorschlug, sollte das Gemälde auf Wunsch der Regentin doch lieber 6x10 Fuß groß werden. Da die Eunuchen nicht wussten, wie man eine solch große Leinwand aufspannt, musste K. Carl es selber machen – sehr zum Staunen aller umstehenden Männer. Nun begann eine Diskussion darüber, bis zu welchem Termin das Gemälde fertig sein musste. Die Hofastrologen hatten als günstigsten Zeitpunkt den 19. April 1904 vor vier Uhr nachmittags vorgesehen, und der musste eingehalten werden. Die Kaiserinwitwe selbst hatte einen prächtigen Rahmen entworfen, den die Hofschreiner aus Kampferholz anfertigten und mit glücksverheißenden Ornamenten schmückten. Das Prunkstück wurde auf ein ebenfalls kunstvoll geschnitztes Podest gestellt. Cixi war so begeistert, dass sie ein Foto haben wollte.[11]

大清國當今慈禧端佑康頤昭豫莊誠壽恭欽獻崇熙聖母皇太后

Zur Enthüllung des Portraits wurden Sarah Conger und die Damen der Gesandten eingeladen. Am darauf folgenden Tag kamen alle Prinzen und Adligen, die Zugang zum Inneren Palast hatten, und schließlich wurde das Gemälde in die auswärtige Botschaft gebracht, damit es auch dort bewundert werden konnte. Nun war es bereit zum Transport nach Amerika. Das Gemälde wurde behandelt und verehrt wie eine Ikone. Cixi hatte befohlen, dass es niemals hingelegt werden dürfe, denn das hätte Respektverweigerung gegenüber der Portraitierten bedeutet. Die Eunuchen stellten es deshalb vorsichtig in eine mit Seide ausgeschlagene Kampferholzkiste und bedeckten es mit kaiserlichgelbem Seidentuch. Gleiches geschah mit dem Podest. Beide Kisten hatten große runde Schlösser und bronzene Griffe. Sie wurden ehrfurchtsvoll in die ebenfalls prächtigen Transportkisten gehoben. Bevor das Gemälde den Palast verließ, verabschiedeten sich der Kaiser und der gesamte Hofstaat mit den zeremoniellen Kotaus von dem Kunstwerk. Dieses wurde mit einer eigens dafür gebauten kleinen Bahn zum Bahnhof gefahren. Hohe Persönlichkeiten in vollem Ornat begleiteten das „Heilige Portrait". Während der Zug durch die Straßen der Hauptstadt fuhr, knieten auch hier alle Zuschauer in Ehrerbietung, so als ob die Kaiserinwitwe persönlich erschienen wäre. In St. Louis wurde das Gemälde von Prinz Pu L'un in Empfang genommen und feierlich enthüllt. Nach der Ausstellung in St. Louis ging das Portrait als Geschenk an Präsident Roosevelt. Die Kaiserinwitwe selbst hatte den Entschluss zu diesem Schritt gefasst: Das Kunstwerk sollte in Amerika verbleiben, weil eine Amerikanerin die Idee zu diesem Portrait gehabt und eine amerikanische Künstlerin es geschaffen hatte.[12]

Abschied von Freunden

Edwin Conger hatte sich während der Belagerung der Botschaften durch die Boxer mit Ruhr infiziert, einer Krankheit, von der er sich nur langsam erholte. Er entschloss sich deshalb Peking zu verlassen und bat Präsident Roosevelt um seine Versetzung. Seinem Gesuch wurde stattgegeben, und man bot ihm die Stelle des Botschafters in Mexiko an. Nun hieß es für das Ehepaar Conger Abschied zu nehmen. Edwin Congers Audienz mit dem Kaiser und der Kaiserinwitwe fand zuerst statt. Es war eine sehr formelle Begegnung, während welcher der Diplomat in Anerkennung seiner Dienste den „Orden des Doppelten Drachen" erhielt. Cixi überreichte ihm eine von ihr selbst gemalte Seidenrolle mit gelben Chrysanthemen, die er versprach, dem "American State Department" zu übergeben.

Die Abschiedsaudienz von Sarah Conger hingegen verlief sehr persönlich. Nachdem die offiziellen Begrüßungsrituale stattgefunden hatten, setzten sich beide Frauen zusammen und unterhielten sich über ihre gemeinsame Zeit. Sarah Conger erhielt dabei einen Orden, den Cixi speziell für sie hatte anfertigen lassen; er ähnelte der Auszeichnung, die ihr Mann erhalten hatte. Die Kaiserinwitwe bemerkte dazu:

„Das ist der erste hohe Orden Chinas, der einer ausländischen Frau verliehen wird!"

Nichts wurde über die Gefühle der beiden Frauen beim Abschied vermerkt, aber die folgende überlieferte Begebenheit spricht für sich:

Bevor Sarah das Palasttor erreicht, folgt ihr eine Hofdame, wahrscheinlich Der Ling, die ihr noch ein Geschenk bringt. Sie erklärt dazu, Cixi habe in all der Aufregung der Trennung vergessen, es Sarah vorher zu geben. Es handelt sich bei diesem letzten Geschenk um ein besonderes Amulett – einen Glücksstein. Das Amulett hat die Form einer Hand und ist aus einem Blutjadestein geschnitzt, einem zartrosa Stein mit dunkelroten Venen. Der Ling erklärt: Die Kaiserinwitwe hat dieses Amulett von ihrem Gürtel genommen und möchte es Ihnen geben, damit es Sie auf Ihrer langen Reise über den großen Ozean schützt und Ihnen eine sichere Ankunft in Ihrem ehrenwerten Land beschert.

In ihrem Haus angekommen zeigt Sarah Conger das Amulett ihrem Hausboy Wang. Der macht große Augen und meint, dieser Blutstein sei etwas ganz Besonderes und kein Chinese, egal wie reich, könne ihn haben!– Sarah trägt das Amulett auf ihrer Rückreise nach Amerika und hält es ihr Leben lang in Ehren.

Sarah Conger erfuhr später, dass das Amulett sehr alt war und schon seit der Tang-Dynastie zum kaiserlichen Schatz gehörte. Es hatte für sie aber noch eine weit wichtigere Bedeutung: Die abergläubische Cixi trug das Amulett als schützenden Talisman, als sie am 15. August 1900 aus Peking floh.[13]

Die Freundschaft der beiden Frauen hielt auch an, nachdem Sarah Conger zurück in Amerika war. Dort kuratierte sie 1904 in St. Louis eine Ausstellung über China, bei der Cixis Portrait von Katherine Carl einen Ehrenplatz einnahm.

Der Hofmaler Hubert Vos (1855-1935)

Mittlerweile hatte Cixi Gefallen an der Portraitmalerei gefunden und versuchte mehr und mehr Queen Victoria von England nachzuahmen. Es war ihr bekannt, dass Victoria Bilder von sich selbst und ihrer Familie stets veröffentlichen ließ, um im Volk immer präsent zu sein. Fotografien, Drucke und Gemälde zeigten die englische Königin als Mutter und als Frau, die sich ihre Weiblichkeit trotz aller politischen Macht erhielt. Cixi imponierte das, und neben den Gemälden von K. Carl und den Fotografien von Yun Ling wollte sie nun noch andere Portraits von sich haben. Der Hof erhielt deshalb die Anweisung, Hubert Vos einzuladen. Seagrave berichtet: [14]

Der Niederländer Hubert Vos war zu diesem Zeitpunkt bereits ein anerkannter, weitgereister Maler. China hatte er zum ersten Mal im Jahre 1899 besucht, und damals hatte er sich um die Erlaubnis bemüht, Cixi portraitieren zu dürfen, jedoch ohne Erfolg. Während seines Aufenthaltes in Peking malte er allerdings hervorragende Portraits von Li Hung-chang, Prinz Ching und General Yuan Shih-kai. Als er im Jahre 1905 erneut nach China gerufen wurde, sagte man ihm lediglich, dass er einer Bitte Folge leisten solle, einige Beamte des Auswärtigen Amtes zu malen. Erst als er im Juni sein Zimmer im wieder aufgebauten Hotel Peking bezog, erfuhr er, dass die Kaiserinwitwe sein Modell sein würde. Die Sitzungen sollten in einem der Seepaläste am Rande der Verbotenen Stadt stattfinden. Cixi würde für drei Tage aus dem

Sommerpalast nach Peking kommen, und die erste Sitzung sei für den 20. Juni um fünf Uhr früh vorgesehen. Seagrave schildert das Geschehen:

Am Abend vor seinem ersten Besuch im Palast aß Vos frühzeitig, legte seinen Abendanzug mit allen Auszeichnungen bereit und bestellte für drei Uhr dreißig die einzige offene viktorianische Kutsche in ganz Peking, um seine Ausrüstung verstauen zu können. Der wunderschön gepflegte Park der Seepaläste versetzte ihn in sprachloses Erstaunen. Entlang einer lotosüberzogenen Lagune wurde er in einen Hof geführt, wo er seine Ausrüstung aufbauen durfte. Am Ende des Hofes befand sich ein Thron, vor einem Hintergrund, der einen Bambushain darstellte. Zu beiden Seiten des Throns standen Pflanzenkübel, Pyramiden aus Früchten und je zwei Pekinesen, deren Haar am Kopf mit goldenen Pfauenspangen zurückgebunden war. Dann erschien Cixi:

„Ihre Erscheinung beeindruckt mich wirklich sehr. Ich habe das Bild [von Kate Carauf der Ausstellung in St. Louis gesehen, das völlig nichtssagend ist. Ich habe auch das Foto gesehen, das der Japaner in Peking aufgenommen hat... aber sie wirkt vollkommen anders auf mich; sehr aufrecht und von außerordentlicher Willensstärke, mehr als ich je an einem Menschen entdeckt habe ... und dazu diese Güte und Liebe zum Schönen.[15]

Vos machte Fotografien, Skizzen und begann ein Portrait zu malen. Nach der zweiten Sitzung, die lange 45 Minuten dauerte, kam Cixi zu ihm und beurteilte das Werk. Sie zeigte auf verschiedene Stellen des Bildes, und der Übersetzer erklärte, was sie beanstandete: Die Augen sollten höher gesetzt werden, offener sein und keine Schatten darunter oder darüber haben, der Mund sollte voll und geschwungen erscheinen; keine hängenden Mundwinkel, die Augenbrauen gerade, die Nase ohne Schatten, keine Schatten, keine Schatten, keine Falten! Endlich begriff der Maler, dass er kein realistisches Portrait malen sollte, nicht das Bild einer 70jährigen Frau. Sie wünschte so gemalt zu werden, wie sie den Menschen in Erinnerung bleiben wollte: als junge Kaiserinwitwe und Mutter des kleinen Kaisers, auf dem Höhepunkt ihres Lebens – nicht als alte Regentin. Cixi nahm seinen Stift in die Hand und zeichnete eine Linie in sein Notizbuch, welches er für sie hinhielt. So nah wie Vos in diesem Augenblick war ihr niemals ein westlicher Mann gekommen.

Am nächsten Tag fand die letzte Sitzung statt, an deren Ende sich die Kaiserinwitwe bei dem Dolmetscher erkundigte, was „danke" auf Englisch heiße. Dann sagte sie mit einem Lächeln „Thank you!"

Den ganzen heißen Sommer arbeitete Vos in seinem Hotelzimmer, um das Jugendportrait zu vollenden. Er malte dann noch ein zweites Portrait, ausschließlich aus persönlichem Interesse, das Cixi so zeigte, wie sie mit siebzig Jahren aussah. Dieses Altersbild wurde in China nicht gezeigt; es hängt heute im Fogg-Museum der Harvard-University in den USA.

Sir Robert Hart

Außer Hubert Vos, der sehr stolz darauf war, die Kaiserinwitwe persönlich kennengelernt zu haben, gab es aber einen Europäer, der ihr wirklich nahe stand. Es war Robert Hart:

Robert Hart wurde 1835 im irischen County Armagh als Kind einer streng methodistischen Familie geboren. Im Mai 1858 trat er in den Zolldienst ein, um eine außergewöhnliche Karriere zu beginnen, an deren Ende er die Kontrolle über ein Drittel von Chinas ausländischen Steuereinkünften ausübte. Er allein war im Auftrag der chinesischen Regierung für das Eintreiben der Seezollgebühren und für jeden Aspekt des Dienstes sowie für Einstellung, Beförderung und Entlassung des aus Chinesen und Ausländern bestehenden Personals verantwortlich. In allen Belangen bewies er diplomatisches Geschick, was ihm nicht nur beispiellose Ehrenbezeugungen durch Cixi, sondern auch die Anerkennung durch die Britische Regierung zutrug. Bisweilen wurde an ihm kritisiert, zu prochinesisch zu sein, denn Hart bewunderte die Chinesen, die er für intelligent und kultiviert hielt. Er glaubte auch, sie zu kennen. Tatsächlich wusste niemand besser Bescheid als er, was in Peking vor sich ging. Er verfügte über weiter gespannte Beziehungen und bessere Einblicke und Kenntnisse als die Diplomaten, und er besaß auch wesentlich mehr Einfluss als die Missionare. So wusste er zum Beispiel, dass die Chinesen überzeugt waren, umwälzende Ereignisse vorhersehen zu können. 1900 war nun ein Jahr, in dem der Schaltmonat (wenn ein zusätzlicher Tag eingefügt werden musste, um den Kalender mit dem Sonnenjahr in Einklang zu bringen) in den achten Monat fiel und damit für Chinesen immer Unglück bedeutete. Natürlich war er auch darüber informiert, dass die Bekundungen der Boxer, über übernatürliche Kräfte zu verfügen, am Kaiserhof ernst genommen wurden, während sie den Ausländern absurd vorkamen.

Robert Hart arbeitete eng mit Prinz Kung, dem Vorsteher des Zongli Yamen zusammen. Gemeinsam mit dem damaligen Vizekönig Li Hong-chang verhandelte er den Peking-Vertrag nach dem Ende des Boxeraufstandes – ein Abkommen, das schließlich von beiden Seiten angenommen werden konnte. Als Chef der Zollbehörde sprach Hart fließend Chinesisch; er lernte es nach der traditionellen Methode, indem er sich eine Konkubine zulegte – ein junges Mädchen namens Ayaou. Sie gebar ihm drei Kinder: Anna, Herbert und Arthur, die er als seine „Mündel" in England erziehen ließ. Nach Ayaous Tod heiratete Hart im Jahre 1866 die Tochter seines Hausarztes in Ulster (Irland), Hester Jane Bredon, eine standesgemäße Verbindung. Hester kehrte jedoch nach zehn Jahren in China nach England zurück, worüber Hart nicht unglücklich war, denn er liebte sein Leben mit Chinesen und der internationalen Gesellschaft in Peking. Mit Ausdauer widmete er sich hier seiner Musikkapelle „I.G.sOwn", die aus Chinesen, Portugiesen und Filipinos bestand, jede Woche im Park des Zollgeländes Konzerte gab und einen bekannten Bestandteil des gesellschaftlichen Lebens in Peking darstellte. So war Robert Hart kein beliebiger Fremder. Als ein Diener des Throns stand aber das Protokoll wie eine Mauer zwischen ihm und der Kaiserinwitwe. Erst geraume Zeit nach dem Boxeraufstand, nachdem der Hof seine traditionelle Separierung aufgehoben hatte, wurde Hart 1902 zu seiner ersten Privataudienz mit Cixi gebeten. Inzwischen arbeitete er seit 41 Jahren für sie und war in dieser Zeit die einzige verlässliche und dauerhafte Einnahmequelle für den Hof.

Im Frühjahr 1902, nach der Rückkehr des Hofes in die Hauptstadt, beriefen Cixi und Kaiser Guangxu umgehend eine Sonderaudienz für Robert Hart ein, um ihn so für die Leiden und Enttäuschungen, die er während der Belagerung erfahren hatte, zu entschädigen. Robert Hart war inzwischen ein gebrechlicher Sechsundsechziger, also im selben Alter wie die Kaiserin, und er durfte in ihrer Gegenwart im Sessel sitzen, was als beispiellose Ehre galt. Die Audienz dauerte nur 20 Minuten, aber da Robert Hart fließend Mandarin sprach, ging keine Zeit für Übersetzungen verloren. Cixi bedauerte, was während des Boxeraufstandes geschehen war, und versicherte wiederholt, dass das ganze Boxerunheil auf „Unwissenheit" zurückzuführen sei. Zu einem peinlichen Zwischenfall kam es, als sie ihren Gast nach seinem

Haus fragte: „Wo wohnen Sie, und was für ein Haus haben Sie?"
Natürlich hatte sie keine Ahnung, dass sein geliebter Bungalow
von den Boxern niedergebrannt worden war und mit ihm all seine
Arbeitspapiere und Erinnerungen an fast ein halbes Jahrhundert
China. Bevor Robert Hart seine Fassung wiederfand, warf sich Prinz
Ching auf die Knie: „Es ist wie alle anderen zerstört!" Cixi wischte
sich Tränen aus den Augen: „Das ist schrecklich! Aber an allem ist
die Unwissenheit schuld!" Zwei Jahre später wurde Hart erneut zu
einer Audienz vor den Thron gerufen und im März 1905 bestellte ihn
die Kaiserinwitwe zu sich, um ihm eine selbstgefertigte Schriftrolle
als Geschenk zu seinem 70. Geburtstag zu übergeben. 1908 wurde
es dann Zeit für Hart, in seine Heimat zurückzukehren, und der
Hof berief eine Abschiedsaudienz ein. Bei diesem Anlass gab die
Kaiserinwitwe „Unserem Freund Hart" ein paar „Andenken" mit
auf den Weg. Hart verschlug es, von Gefühlen überwältigt, völlig
die Sprache, so dass er vergaß, die angemessenen Dankesworte
zu sprechen. Er brachte nicht mehr hervor als ein in chinesischer
Sprache gemurmeltes „Dankeschön".[18]

Cixi und die Familie Roosevelt

Obwohl Cixi nur ein einziges Mal Peking und den Sommerpalast verlassen hatte, war sie über die Herrscher der westlichen
Welt informiert und versuchte einen freundschaftlichen Kontakt
aufzubauen. Besonders die Beziehung zu den USA war ihr wichtig.
Edwin Conger, der amerikanische Minister in Peking, erhielt
deshalb 1904 in der Gesandtschaft ein großes Foto, das er Präsident

Roosevelt zukommen lassen sollte. Wie das von Katherine Carl angefertigte Gemälde war auch die Fotografie mit kaiserlichem Pomp verpackt. Zu diesem Geschenk bemerkte Edwin Conger:

Das Portrait ruhte in einer schwarzen, hölzernen Kiste, die mit gelber Seide ausgefüttert war. Über dem Bild lag ein ebenfalls aus gelber Seide gewebtes Tuch; die schwarze Holzkiste ruhte in einem passenden Kasten, über den ein exquisiter gestickter seidener Umhang ausgebreitet war.

Dieses Portrait wurde 100 Jahre später im „Blair House", dem offiziellen Gästehaus des amerikanischen State Departments in Washington wiederentdeckt.

Im Jahre 1905 besuchte die bildhübsche und unkonventionelle Alice Roosevelt, Tochter des amerikanischen Präsidenten, das ferne Land China, und es wurde ihr eine Audienz bei der Kaiserinwitwe gewährt. Die westlichen Medien waren entzückt, und in der *Washington Times* hieß es:

Es ist gut möglich, dass der Besuch dieses jungen amerikanischen Mädchens Auswirkungen auf die schreckliche alte Frau hat, die China regiert, und dass er dazu beiträgt, die Situation in dem großen Kaiserreich zu verbessern.[19]

Am 14. September 1905 erschien die Gegenüberstellung von Alice Roosevelt und der Kaiserinwitwe in der Washington Post. Sie trug den Titel:

Ein repräsentatives Mädchen der westlichen Welt trifft das betagte Beispiel königlicher Marotten des Orients.

Im Leitartikel des „New York Herald" vom 14. September 1905 wurde das Bild der Präsidenten-Tochter mit dem Portrait Cixis, das K. Carl gemalt hatte, zusammengebracht:

Ob die Kaiserinwitwe diese Zeitungsausschnitte zu Gesicht bekam, ist ungewiss. Sie schenkte der jungen amerikanischen Besucherin ein perfekt retuschiertes Foto, um den bestmöglichen Eindruck zu hinterlassen.

21

15. Ein neues Jahrhundert - eine neue Zeit

Der Russisch - Japanische Krieg

Seit 1904 kämpften Russen und Japaner auf chinesischem Territorium um den Besitz der Mandschurei, und China konnte nichts tun, als das geschehen zu lassen. Während der kriegerischen Auseinandersetzungen attackierte Japan ohne Vorwarnung die russische Flotte in Port Arthur und zerstörte sie. An Land besiegten die Japaner in der Mandschurei 83.000 schlecht geführte russische Truppen. Der Sieg der Japaner über die Russen im Jahre 1904 wurde mit dem Friedensvertrag von Portsmouth am 5. September 1905 besiegelt:

Japan erhielt das vormals russische Pachtgebiet Kwantung auf der Liaodong-Halbinsel mit dem Kriegshafen Port Arthur und den Süden der Insel Sachalin. Japan wurde außerdem die vormals russische Konzession für einen Teil der Chinesischen Osteisenbahn zugestanden, woraus die Südmandschurische Eisenbahn entstand. Die Souveränität über die Mandschurei bekam China zugesprochen.

Dieser Krieg bedeutete einen Wendepunkt in der Geschichte Chinas. Zum ersten Mal im Laufe von 200 Jahren besiegte eine asiatische Macht eine der etablierten europäischen Großmächte. Nun wurde den Chinesen endlich bewusst, dass sie sich nur mit westlicher Technologie vor ihren Feinden schützen konnten.

Selbst die reaktionärsten Mandschu-Beamten mussten zugeben, dass Japan, das Land der aufgehenden Sonne (die verachteten „kleinen Teufel"), niemals eine Westmacht besiegt hätte, wäre es nicht bestrebt gewesen, sich die Lehren des Westens, vor allem in militärischen und nautischen Belangen, anzueignen. So kam man zu dem Schluss, dass die Reformpläne von Kaiser Guangxu doch nicht so töricht gewesen waren. Man überlegte: Die Kaiserinwitwe war alt geworden und nicht bei bester Gesundheit; würde Guangxu vielleicht bald ein wirklicher Herrscher? Vor dessen Rache fürchteten sich bei Hofe einige. Sollte Cixi, „der Alte Buddha", vor Guangxu sterben, würde ihre schützende Hand nicht mehr jenen helfen, die den Kaiser während vieler Jahre hintergangen, gedemütigt und gepeinigt hatten. Da war in erster Linie der jetzt reiche und mächtige Yuan Shi-kai, der Jung Lu und Cixi die Reformpläne des Kaisers verraten hatte und somit für dessen Verbannung auf die Insel verantwortlich war. Sorgen musste sich auch der Obereunuch Li Lien-ying, dem es Freude bereitet hatte, den kaiserlichen Gefangenen zu entwürdigen, ihn hungern und frieren zu lassen. Letztlich war da auch noch Cixi selbst, die den ungeliebten Neffen auf keinen Fall als ihren Nachfolger anerkennen wollte.

Reformen der Kaiserinwitwe nach 1902

Aus diesen politischen Gründen erließ Cixi verschiedene revolutionäre Dekrete, die das Leben der Menschen, insbesondere das der Frauen, verbessern und gleichzeitig auch barbarische mittelalterliche Gepflogenheiten abschaffen sollten. China befand sich damit auf dem Weg zur Moderne. Zu den ersten Schritten gehörte die

Aufhebung des Heiratsverbots zwischen Han-Chinesen und Mandschu.

Am 1. Februar 1902 verkündete ein Dekret, dass von nun an eine Heirat zwischen Han-Chinesen und Mandschu erlaubt sei. Während der 300-jährigen Herrschaft der Qing-Dynastie war dies ein absolutes Tabu gewesen, und das Verbot bedeutete, dass in der sehr familienbetonten Gesellschaft kaum Austausch zwischen den beiden Bevölkerungsgruppen bestand. Im gleichen Dekret wurde verkündet, dass die Han-Chinesen ihre Sitte des Füßebindens aufgeben sollten. Cixi war schon immer der Ansicht gewesen, dass diese grausame Praxis den Menschen schade und wider die Natur sei, sie war sich jedoch bewusst, dass Änderungen nur langsam vor sich gehen. Als Sarah Conger sie fragte, ob das Dekret unmittelbare Auswirkungen im Reich haben würde, antwortete sie:

„Nein, die Chinesen bewegen sich langsam. Unsere Sitten sind so hartnäckig, dass es viel Zeit braucht, sie zu verändern."[1]

Befreiung der Frauen

Mit Überredung und Unterstützung statt mit Gewalt wollte die Kaiserinwitwe die Trennung der Geschlechter aufheben. Es lag ihr besonders am Herzen, dass die Frauen eine moderne Ausbildung erhielten. Wiederholt drängte sie Statthalter, hohe Beamte und Aristokraten, die ersten Schritte zu tun und Mädchenschulen zu finanzieren. Sie selbst finanzierte eine Schule für adlige Frauen und plante, ein höheres Bildungsinstitut zu eröffnen. Als Anreiz für die Bewerberinnen wurde verkündet, dass alle Absolventinnen den Titel „Persönliche Schülerin der Kaiserinwitwe" erhalten würden. Im Jahre 1905 wurden die ersten Studentinnen ins Ausland geschickt. Sie reisten zuerst nach Japan zur Lehrerausbildung und dann weiter nach Amerika. Viele profitierten von den Chancen, die Cixi ihnen eröffnet hatte. Gebildete Frauen gründeten rund dreißig Zeitungen, die die Frauenbewegung propagierten. In der ersten Dekade des 20. Jahrhunderts war der Begriff „Frauenrechte" – *nü-quan* – in aller Munde. Eine viel gelesene Broschüre verkündete bereits 1903: *„Das 20. Jahrhundert wird eine Ära der Revolution bei den Frauenrechten sein."* In einer Kultur, die Frauen beispiellos grausam behandelt hatte, begann die Emanzipation. [2]

Abkehr vom traditionellen Bildungssystem

Die Beamtenprüfungen wurden abgeschafft und das neue Ausbildungssystem orientierte sich an westlichen Vorbildern. Zwar blieben die chinesischen Klassiker auf dem Lehrplan, aber viele neue Fächer kamen hinzu. 1905 besuchte Sarah Conger eine der neuen Schulen mit Lehrern, die Englisch sprachen, Schülern in Schuluniformen und Klassenzimmern, Bibliotheken und Sporthallen wie in Europa. Sie fragte sich staunend:

„Wie wird die Zukunft Chinas aussehen, wenn die vielen Hundert gebildeten jungen Leute die Schulen verlassen und als Sauerteig in die riesige Masse des Volkes zurückkehren?[3]

Anerkennung des Handels

Obwohl Chinesen Spaß am Geldverdienen hatten, wurde der Handel seit Jahrhunderten traditionell verachtet. Nach dem Ansehen der Berufe ergab sich folgende Reihenfolge: Beamtengelehrte, Bauern, Handwerker und ganz zum Schluss Händler. Das änderte sich nun und der Handel wurde ein ehrbarer Beruf. Im Jahre 1903 erhielt China erstmals in seiner Geschichte ein Handelsministerium. Der Hof erließ eine Reihe kaiserlicher Dekrete mit Anreizen für ehrgeizige Unternehmer, Firmen zu gründen. Eine Staatsbank wurde errichtet und eine nationale Währung mit dem Yuan als Währungseinheit eingeführt. Nun konnte der Handel florieren.[4]

Verbot des Opiums

Um das Reich der Mitte wirklich fortschrittlich gestalten zu können, musste ein altes Übel beseitigt werden – der Konsum von Opium. Headland berichtet, dass zu diesem Zeitpunkt wahrscheinlich dreißig bis vierzig Prozent der erwachsenen Bevölkerung opiumsüchtig waren. Die Kaiserinwitwe erließ folgendes Edikt:

„Seit dem ersten Verbot von Opium wurde China fast überall mit diesem Gift überflutet. Opiumraucher haben ihre Zeit vergeudet, ihre Arbeit vernachlässigt, ihre Gesundheit ruiniert und ihre Haushalte verarmt. Deshalb bietet China seit mehreren Jahrzehnten ein Bild zunehmender Armut

und Schwäche. Allein die Erwähnung dieser Angelegenheit verursacht Empörung. Der Hof hat beschlossen, China wieder stark zu machen, und deshalb fordern wir das Volk auf, eine Änderung herbeizuführen.

Wir bestimmen, dass innerhalb von zehn Jahren dieser schändliche Schmutz vollkommen verschwunden ist. Der Staatsrat soll den Anbau von Mohn und das Opiumrauchen verbieten. Alle Opiumraucher sollen sich registrieren lassen; die jungen Männer müssen innerhalb von sechs Monaten entwöhnt sein, für die alten besteht keine Zeitgrenze. Die Regierung wird Medizin zur Verfügung stellen. Außerdem werden innerhalb von sechs Monaten alle Opiumhöhlen geschlossen und nach dieser Zeit dürfen Opiumpfeifen oder -lampen weder hergestellt noch verkauft werden. Offizielle Läden, in denen Opium verkauft wird, dürfen noch weitere zehn Jahre bestehen."

Großbritannien, das zu diesem Zeitpunkt jährlich 50.000 Kisten Opium auf den chinesischen Markt brachte, wurde von diesen Maßnahmen auch betroffen, und man einigte sich: Wenn China die eigene Produktion von Opium um zehn Prozent verringerte, würde Großbritannien seine Importe in gleichem Maße kürzen.[5]

Seit ihrer Rückkehr in die Hauptstadt schien Cixi eine verwandelte Person zu sein. Sie genoss die Gesellschaft der westlichen Damen und verzichtete auf Besuche ihrer Wahrsager. Auch ihren 70. Geburtstag wollte sie, entgegen früherer Gewohnheiten, nicht groß feiern, bis man sie darauf hinwies, dass das Volk enttäuscht sein würde. So stimmte sie einer „kleinen" Feier zu, die sich dann schließlich zur prächtigsten ihres Lebens entwickelte. Die Festlichkeiten fanden im Sommerpalast statt. Da Chrysanthemen Cixis Lieblingsblumen waren, hatte man extra für diese Feier 200 Töpfe mit weiß und lila blühenden Pflanzen bestückt. Jede Pflanze war ca. einen Meter hoch und jede Blüte maß ca. fünfundzwanzig cm im Durchmesser. Chrysanthemen säumten den Weg der Kaiserinwitwe zur Halle der Feierlichkeiten, schmückten die Marmorstufen und waren im Hof so arrangiert, dass sie das Zeichen „Zehntausend Jahre Glück" symbolisierten. Eine dreizehnstufige Pagode aus Bambus war gebaut worden und mit den Blumen verziert, ebenso wie die umstehenden Gebäude und Hügel, sodass man glaubte, in Blüten zu wandeln. Als Cixis Sänfte erschien, wurden tausende farbiger Vögel aus ihren Käfigen befreit. Sie zwitscherten laut bei ihrem Geflatter um Hof und Gebäude und zusammen mit dem Klang der Windglöckchen an den Dächern und der leisen Musik versteckter Orchester war es eine Freude für Augen und Ohren. Am Abend wurden die Feierlichkeiten fortgesetzt mit Laternen- und Blumenumzügen auf dem See des Sommerpalastes. Falls Cixi ihren Astrologen zur Zukunft befragt hätte, so wäre ihr gesagt worden, dass dies die letzte große Geburtstagsfeier war, die sie auf Erden haben würde.

16. Das Ende der Qing-Dynastie

Während all der Reformversuche war Cixi alt, müde und krank geworden. Um weiterhin all ihre Aufgaben erledigen zu können, begann sie sich mit Opium aufzuputschen, da das Verbot auf sie selbst nicht zutraf. Dreimal am Tag nahm sie extra für sie zubereitetes Opium zu sich. Die erste Pfeife rauchte sie nach dem Aufwachen um vier Uhr früh, die zweite nach dem Mittagsmahl und die dritte bevor sie zu Bett ging. Cixi wurde nie abhängig, denn sie nutzte die Droge in einer Weise, die ihr gut tat zu einem Zeitpunkt, da ihre körperlichen und geistigen Kräfte erlahmten. 1907 erlitt sie einen Schlaganfall und im kommenden Jahr erkrankte sie an Ruhr.

Trotz ihrer schwindenden Kraft gestattete sich die Kaiserinwitwe keine Schwäche. Wie üblich hielt sie ihre frühmorgendlichen Audienzen ab, befolgte die traditionellen Riten und kümmerte sich um Staatsangelegenheiten. Zu diesem Zeitpunkt beobachtete sie genauestens das Vorgehen der Engländer in Tibet. Eine britische Militärexpedition war von Britisch-Indien aus nach Tibet eingedrungen, um dieses an Bodenschätzen reiche Gebiet zu annektieren und um dort Handel zu treiben. Tibet gehörte jedoch seit 200 Jahren als Vasallenstaat zur chinesischen Dynastie und war außerdem das Zentrum des Buddhismus. Um Chinas Interessen zu wahren, entsandte Cixi Vertreter nach Indien, die durchsetzen sollten, dass Großbritannien Verhandlungen über Tibet nur mit Peking zu führen hatte. Gleichzeitig lud sie, entgegen den Empfehlungen ihrer Ratgeber, den Dalai Lama zu einem Besuch in die chinesische Hauptstadt ein. Dabei ergaben sich wieder einmal protokollarische Probleme in Bezug auf den Kotau. Sollte der Dalai Lama vor ihr und dem Kaiser knien? Als spirituellem Führer der Buddhisten knieten die Gläubigen vor ihm, als politischem Führer wurde von ihm erwartet, dass er vor dem Thron kniete.

Im Herbst 1908 traf der 13. Dalai-Lama schließlich in der Hauptstadt ein und bezog mit seinem Gefolge den Lama-Tempel in der Verbotenen Stadt. Kaiser Guangxu empfing den heiligen Gast, und nachdem dieser den Kotau vollzogen hatte, durfte er in Anerkennung seiner Würde neben dem Kaiser Platz nehmen. Klugerweise bezeugte der Lama auch Cixi, obwohl sie eine Frau war, den gebührenden Respekt und wurde daraufhin mit einem opulenten Bankett, Ehrentiteln und einer Erhöhung seiner jährlichen Zuwendungen belohnt. Im Gegenzug überreichte der Dalai Lama der Kaiserinwitwe zahlreiche Geschenke und versprach, regelmäßig für ihre Gesundheit, ihren Wohlstand und ein langes Leben zu beten. Diese Gebete brauchte sie schneller als erwartet. Nach dem Bankett wurde Cixi sehr krank. Als der Dalai Lama von ihrer Unpässlichkeit in Kenntnis gesetzt wurde, braute er eine Medizin aus tibetischen Kräutern für sie zusammen, die ihr angeblich bald Linderung brachte. Zudem besuchte er die Kranke in der Verbotenen Stadt und überreichte ihr ein heiliges Buddha-Bild, das sofort zu ihrem Mausoleum gebracht wurde, wo es Unheil abwenden und ihr noch ein langes Leben garantieren sollte.

Tod des Kaisers Guangxu

Zu gleichen Zeit als Cixi ernsthaft zu kränkeln begann, erkrankte auch Guangxu, der seine Regentschaft quasi als ihr Gefangener verbracht hatte. Seine mannigfaltigen Krankheiten, die schon zehn Jahre lang mit Kräutern, Massagen und Ruhe behandelt worden waren, gewannen schließlich die Oberhand. Als Cixi erkannte, dass Guangxus Ende nahte, und da sie annahm, selbst noch lange zu leben, traf sie Vorsorge. Sie bestimmte wiederum ein Kind zum Nachfolger. Der dritte Kind-Kaiser und zehnte Mandschu-Kaiser sollte Pu-Yi sein, der nach chinesischer Zeitrechnung zweijährige Sohn des Prinzen Chun und der Tochter ihres alten Freundes Jung Lu. Die Kaiserinwitwe wollte ihrem verstorbenen Berater und langjährigen Vertrauten posthum eine Ehre erweisen, indem sie seinen Enkel zum Thronfolger bestimmte.

Am 14. November 1908 starb Kaiser Guangxu qualvoll in der Stunde des Hahns (17 bis 19 Uhr) im Beisein seiner Kaiserin Longyu. Viele Vermutungen wurden bezüglich seines Todes geäußert, aber erst einhundert Jahre später gab es Gewissheit.[1] Mit letzter Kraft soll der Sterbende folgende Worte auf einen Zettel geschrieben haben:

„Wir waren der zweite Sohn des Prinzen Ch'in, als die Kaiserin-Witwe Uns für den Thron bestimmt hat. Seit jeher hat sie uns gehasst. Doch der Urheber unseres Elends während der letzten zehn Jahre ist Yuan Shi-kai und noch ein zweiter. Wenn es soweit ist, wünschen Wir, dass Yuan kurzerhand enthauptet werde." [2]

Des Kaisers Gemahlin nahm ihm das Blatt aus der Hand, und sein letzter Wunsch wurde nicht erfüllt. Als er im Sterben lag und nicht mehr zu sprechen vermochte, fiel es seiner Umgebung auf, dass er ständig die Finger der rechten Hand bewegte, als zeichne er Kreise in die Luft. Vielleicht war es nur eine Reflexbewegung, aber das erste Schriftzeichen im Namen Yuan Shi-kais, „Yuan", bedeutet „rund", „Rundung" oder „Kreis" (es ist dasselbe Zeichen wie im Namen des Sommerpalastes), und so entstand das Gerücht, der Kaiser habe mit einer letzten Bewegung unaufhörlich den Namen des verhassten Verräters wiederholt: Yuan, Yuan, Yuan...[3]

Am Nachmittag des Todestages begaben sich Cixi und die erste Konkubine zu dem aufgebahrten Kaiser und vollzogen das Abschiedsritual. Jede der Frauen hatte eine kleine Strähne ihres Haares abgeschnitten und in ein extra dafür bestimmtes Papier gewickelt. Diese Erinnerungsgaben wurden dem Toten in die rechte Hand gelegt. Dem kleinen Pu Yi hatte man die Spitze seines Zopfes abgeschnitten und gleicherweise verpackt. Dieses Päckchen kam in die linke Hand.[4]

Kaiserinwitwe Cixi besteigt den Goldenen Drachen

Am Tag nach Guangxus Tod arbeitete Cixi viel. Sie präsidierte dem Großen Rat und bereitete Erlasse im Namen des neuen Kaisers vor, in denen ihr der Titel „Große Kaiserin-Mutter" verliehen wurde. Cixi schien von ihrer letzten Krankheit völlig wiederhergestellt zu sein, aber unvermutet erlitt sie einen

Ohnmachtsanfall, und als sie wieder zu sich kam, erkannte sie, dass auch ihr Ende bevorstand. So veröffentlichte sie noch am gleichen Tage letzte Erlässe und ließ ihren eigenen Abschiedserlass an das Volk vorbereiten. Als man ihn ihr zur Unterschrift vorlegte, fügte sie eigenhändig folgenden Absatz hinzu:

> *„Wenn ich die Ereignisse der letzten fünfzig Jahre überblicke, so sehe ich, dass Schwierigkeiten im Inneren und Angriffe von außen in unaufhörlicher Folge über Uns gekommen sind. Der neue Kaiser ist noch ein Kind und hat gerade das Alter erreicht, in dem Erziehung alles ist. Seine Majestät muss sich dem Studium der Erfordernisse des Landes widmen und darf sich nicht dem Kummer hingeben. Es ist mein heißester Wunsch, dass er eifrig seinen Studien obliegen und neuen Glanz zu den ruhmvollen Tagen der Vorfahren fügen möge. Trauerkleidung ist nur siebenundzwanzig Tage zu tragen. Hört und gehorcht!"*[5]

Das Gesicht nach Süden gewandt, die Glieder gestreckt, in die Kleider der Unsterblichkeit gehüllt, wie es sich gehörte, starb Cixi, die Große Kaiserin-Mutter von China, der Alte Buddha, am 15. November 1908 zur Stunde der Ziege (13 Uhr bis 15 Uhr) im Alter von 73 Jahren, genau einen Tag nach dem legitimen Kaiser der Chinesen.

Pu Yi, der neue Kaiser

Der Thronfolger Pu Yi [6]

Der kleine Pu Yi, nach chinesischer Rechnung gerade mal drei Jahre alt, war nun der zehnte Mandschu-Kaiser. Prinz Chun, ein Bruder des Kaisers Guangxu, wurde zum „Ratgeber des

Thrones" ernannt und erhielt einige Vollmachten. Da er jedoch von früher Jugend an nicht an Politik interessiert war und selbst sein Sühnebesuch beim deutschen Kaiser im Jahre 1901 seinen Weitblick kaum geschärft hatte, verfügte Cixi:

> *„In Zukunft soll der Regent die Staatsgeschäfte führen. Aber in Angelegenheiten von äußerster Wichtigkeit muss er den Instruktionen der Kaiserinwitwe folgen."*[7]

Die neue Kaiserinwitwe war nun Kaiserin Longyu, die nach dem Tode ihres Gatten den Titel erhielt. Prinz Chun, als Regent, sorgte dafür, dass die Trauerfeierlichkeiten entsprechend den althergebrachten Traditionen ausgeführt wurden.

Trauerrituale

Kaiser Guangxu und die Kaiserinwitwe wurden aufgebahrt und die kaiserlichen Prinzen, ihre Gemahlinnen sowie hohe Staatsbeamten vollführten in der Verbotenen Stadt die vorgeschriebenen Trauerzeremonien. Desgleichen geschah im ganzen Lande in allen taoistischen und buddhistischen Tempeln, und auch in den Kirchen der chinesischen Christen betete man für die Verstorbenen. Zu gleicher Zeit musste sich die ganze Nation strikten Regeln unterwerfen. Am 24. Tag des Todesmonats verkündete Prinz Chun:

> *Vom heutigen Tage an müssen alle zivilen und militärischen Beamten im ganzen Land 100 Tage lang Trauerkleidung tragen und dürfen ihre Köpfe nicht rasieren. Alle Hochzeiten, Konzerte und Theateraufführungen sind untersagt. Männer*

und Frauen müssen Enthaltsamkeit üben. Keine Ehefrau und keine Konkubine darf schwanger werden. Sollte dennoch ein Kind gezeugt werden, so ist es bei der Geburt illegitim. Dieses Kind erhält in seinem Namen als zweites Schriftzeichen das Zeichen für „Hund" und wird sein Leben lang Zeugnis davon ablegen, dass seine Eltern die Trauerregeln missachtet haben.[8]

Die hundert Tage nach dem Tod der Herrscher waren jedoch nicht nur von Trauer bestimmt. Die üblichen Feste des Mondjahres wurden weiterhin eingehalten und boten gute Unterhaltung. So beging man im 5. Mondmonat das traditionelle Drachenbootfest und im 7. Mondmonat das Geisterfest. Bei letzterem gedachte man der verstorbenen Ahnen und glaubte, die Toten würden durch buddhistische Zeremonien aus dem Fegefeuer erlöst. Während heute viele Familien Laternen oder Papierboote mit Ahnentafeln auf einem Fluss schwimmen lassen, um den Geistern den Weg zu ihren ehemaligen Wohnhäusern auf Erden zu zeigen, gab es im Jahre 1908 ein nie zuvor dagewesenes Spektakel. Fünf Tage lang durften die Bewohner Pekings das kaiserliche Geisterboot bewundern. Hussey lieferte eine genaue Beschreibung:

Das Geisterboot war ein sehr großes verziertes Floß mit einer Länge von fast 50 Metern und einer Höhe von 7 Metern. Es war zum größten Teil aus Papier oder Papier-Mâché gefertigt, was über einen Rahmen aus Holz und Hirsehalmen gespannt war. Am Bug befand sich ein großer goldener Drachenkopf von drei Metern Durchmesser, und am Heck war ein gleichgroßer Dämon mit furchteinflößendem Gesicht angebracht, der eine dreizackige Hellebarde schwang. Die Seiten des Bootes waren mit Wellen und aufgesetzten Lotusblüten verziert. Dieses Boot war mit vollkommener Mannschaft bestückt. Alle Seemänner trugen typische weiße Seidenjacketts und Seidenhosen, dazu schwarze Satinstiefel und Strohhüte. Der Zugang zum Hauptteil des Bootes führte durch ein dreibogiges, buntes Tor. Danach erreichte man zwei Gebäude des Sommerpalastes. Diese Paläste waren detailgetreu nachgebildet mit sämtlichem Mobiliar und allen Ziergegenständen. Das ganze Gefolge des Hofes auf Deck und in den Palästen war in Form von lebensgroßen Papierpuppen dargestellt. So konnte man zivile und militärische Beamte, buddhistische Priester, Hofdamen, Eunuchen und Köche entdecken; auch wichtige Personen des Hofrates waren zu erkennen. Jeder war in Seide und Samt gekleidet. Am Schiffsmast wehte die kaiserliche Fahne alter Zeiten und darunter die Banner von Kaiser Guangxu und der Kaiserinwitwe.[9]

Das Volk, das niemals hinter die Mauern der Verbotenen Stadt hatte schauen können, bekam zum ersten Mal einen Eindruck vom Pomp und Prunk seiner Herrschaft.

Die Grablegung

Die Hofastrologen, die Cixi stets zu Rate gezogen hatte, forschten in den Sternen nach Jahr, Tag und Stunde mit glücklichen Vorzeichen für ein Begräbnis in ihrem großartigen Mausoleum.

So kam es, dass sich erst ein knappes Jahr nach dem Tod der Kaiserinwitwe, am 9. November 1909, ein feierlicher Trauerzug mit ihrem Sarkophag zu der Grabanlage Dingdong Ling, dem Gelände der Ostgräber, in Bewegung setzte. Der Zug war über fünf Kilometer lang und benötigte ganze vier Tage, bis er die Östliche Nekropole erreichte, da unterwegs Opferrituale ausgeführt wurden und Ruhepausen nötig waren.

Wie sich der Zug durch Peking bewegte, beschrieb Brook Astor in ihrem Buch „Patchwork Child". Brook, das einzige Kind eines amerikanischen Marineoffiziers, lernte, bedingt durch die Karriere ihres Vaters, viele Länder der Erde und fremde Kulturen kennen. 1908 wurde der Vater nach Peking/China versetzt, in eine Stadt und ein Land im Umbruch zwischen Kaiserreich und Revolution. Die Kaiserinwitwe Cixi war vor einigen Monaten gestorben, und die achtjährige Brook wurde nun Zeugin eines historischen Moments. Sie erinnerte sich:

Die Kaiserin war vor mehreren Monaten gestorben, aber die Vorbereitungen zur Beerdigung waren kompliziert und nahmen mehrere Monate in Anspruch. In gewisser Weise glaubte ich die Kaiserin, ersatzweise durch meine Mutter, zu kennen. Zwei Wochen vor ihrem Tod wurde meine Mutter ihr durch Frau Calhoun (Gattin des amerikanischen Botschafters) in einer informalen Audienz vorgestellt. Die Kaiserin empfing sie in einer der kleineren Hallen. Sie saß etwas erhöht auf einem goldenen Thron und trug auf dem Haupt den Kopfschmuck der Mandschus, der mit Perlen und Jade geschmückt war. Sie hielt ein Taschentuch in ihren Händen mit den fantastisch langen Fingernägeln und mit schwarzen und weißen Perlenringen. Neben ihr auf einem kleinen Tisch lag ein riesiges Zepter aus Jade – Symbol ihrer Macht. Während sie so dasaß und zu den Vorstellungen nickte, schien die Sonne durch den Wandschirm hinter ihr und erleuchtete das durchsichtige grüne Zepter. Die Reflexion verwandelte das hagere Gesicht in ein unnatürliches, geisterhaftes Antlitz. Mutter sagte, ihr sei ein Schauer den Rücken herunter gelaufen. Es war, als ob jemand von den Toten auferstünde. Später, zur Zeit des Todes, hörten wir das Gerücht, die Kaiserin sei vergiftet worden, indem man zerstoßene Diamanten unter ihr Essen gemischt habe; Mutter war überzeugt, dass dem so sei. Natürlich glaubte ich das auch. Ich schrieb in mein Tagebuch: „Manche sagen, die Kaiserin sei eines natürlichen Todes gestorben, aber **ich** denke, sie wurde vergiftet." All das machte es für mich spannend, den Trauerzug zu beobachten. Wer weiß, ob sie sich nicht plötzlich aus dem Sarg erhob und ihre Mörder anklagte!

Es war ein Tagesunternehmen. Zum Glück führte die Route der Prozession von der Kaiserlichen Stadt zum Bahnhof (die Kaiserin wurde im Norden bei ihren Ahnen beerdigt) durch das Chien Mên Tor, das Tor in der Stadtmauer, das sich gerade hinter unserer Botschaft befand. Wir machten uns früh auf den Weg, ausgerüstet mit belegten Broten und Suppe. In der ersten Reihe auf der Stadtmauer waren Sitze für uns reserviert. Die Mauer war 50 Fuß hoch, und so hatten wir nicht nur einen *großartigen Blick auf die Prozession, sondern auch auf die gewaltigen Menschenmassen, welche die Straße säumten. Durch das Chien Mên Tor in der Mauer der Verbotenen Stadt konnten wir den Trauerzug direkt auf uns zukommen sehen. Der Lärm der Prozession war ohrenbetäubend; die Schreie der Trauernden, das Rasseln der Zimbeln und das Murmeln der Menschen klangen wie Wellen, die gegen den Strand schlagen.*

Langsam und majestätisch, begleitet von dieser Mischung seltsamer Geräusche, kam die Prozession voran und zog unter uns dahin. Da gab es buddhistische und taoistische Priester in weißen Gewändern und buddhistische Lamas in gelben Gewändern mit roten Schärpen. Es kamen endlose Scharen von Eunuchen, alle weiß gekleidet, die Papiergeld in die Luft warfen (für die Kaiserin auf ihrem Weg in den Himmel) und da waren Höflinge mit langen gelben Federn an ihren Hüten, welche die Sänften bewachten, in denen die Siegel und Machtsymbole der Kaiserin lagen. Es gab vierundzwanzig weiße Kamele mit gelben Brokattempeln auf dem Rücken (ebenfalls für die Reise) und eine ganze Kompanie weißer Ponys mit ihren Stallburschen, dazu Kompanien von Infanterie und Kavallerie, die nicht ganz passend die Flaggen der neuen Republik schwenkten. Es gab riesige Papierrepliken von allen Palästen der Kaiserin, dazu große Tabletts mit Früchten und Kuchen und Sänften in kaiserlichem gelben Brokat, die mit Blumen gefüllt waren.[10]

Auf dem weiteren Weg zu den Gräbern schritt der Ober-eunuch Li Lien-ying weinend dem kaiserlichen Sarg voran. Er trug auf einem Seidenkissen Mu-tan (Päonie), das letzte Lieblingshündchen der Verstorbenen, einen gelblichen Pekingesen mit einem weißen Fleck auf der Stirn. Mit dieser Zeremonie befolgte er einen neunhundert Jahre alten Präzedenzfall: Nach dem Tod des Kaisers Taizhong aus der Sung-Dynastie begleitete dessen Hündchen T'ao Hua (Pfirsichblüte) den Himmelssohn bis zur letzten Ruhestätte, und dort soll er aus Kummer vor dem kaiserlichen Grabmal gestorben sein.

Als der Leichenzug der Kaiserinwitwe an der Grabstätte an-gekommen war, wurde der Sarg erst einmal in der Opferhalle des Mausoleums aufgebahrt und dann am folgenden Tag, dem 16. November, mit dem „Drachenwagen" zur Grabkammer gebracht. Inmitten dieser Grabkammer, befand sich ein sogenannter Schatzbrunnen. Hierbei handelte es sich um einen nach unten erweiterten Schacht, der mit Kostbarkeiten aller Art angefüllt war. Kaiserinwitwe Cixi hatte schon zu Lebzeiten dafür gesorgt; zwischen den Jahren 1879 und 1908 ordnete sie sechs Transporte zu der Grabstätte an. Diese brachten kostbares traditionelles Totengerät, Silber- und Goldbarren, eine große Anzahl von Perlen, Diamanten und Goldschmuck dorthin. Auch für die Gestaltung ihrer letzten Ruhestätte und der auszuführenden Zeremonien erteilte sie genaue Anweisungen, immer im Bewusstsein ihrer Stellung. Das Halbrelief der großen Rampe, die zur Opferhalle führte, zeigte den Phönix (Symbol der Kaiserin) über dem Drachen (Symbol des Kaisers). Schließlich wird eine Kaiserinwitwe prunkvoll zur letzten Ruhe gebettet.

Daniele Varè zitiert einen Artikel von Bennet Moore aus den *„Illustrated London News"*:

Ein Verzeichnis der Schätze, die man der Kaiserin-Witwe ins Grab mitgegeben hat, wurde zur Zeit der Beisetzung von dem berüchtigten Li Lien-ying angefertigt: Eine Decke, siebzehn Zentimeter dick, mit Perlen bestickt, lag auf dem Boden des Sarges und obenauf ein seidenes, gleichfalls besticktes Tuch, das mit einer Perlenschicht bestreut war. Der Leichnam ruhte auf Spitzen, in die man mit Perlen das Bildnis Buddhas eingewebt hatte. Zu Häupten der Toten lag ein jadener Schmuck in Gestalt einer Lotosblume und zu ihren Füßen aus Jade geschnitzte Blätter. Man hatte die Kaiserin in Staatsgewänder aus Goldgewebe gehüllt und darüber in eine gestickte Jacke mit einer Perlenschnur, während eine zweite Perlenschnur sich neunmal um ihren Leib spannte und achtzehn Buddhas aus Perlen in ihren Armen lagen. All diese Gegenstände waren Geschenke persönlicher Freunde. Den Leichnam bedeckte eine heiliges Tolo-Tuch, ein Rosenkranz aus Perlen umgab den Kopf und zu beiden Seiten lagen hundertacht goldene oder aus Edelsteinen geschnittene Buddhas. Am Fußende befanden sich eine Wasser- und zwei Zuckermelonen aus Jade und zweihundert Edelsteine in Gestalt von Pfirsichen, Birnen, Aprikosen und Datteln. Zu ihrer Linken lag eine jadene Schnitzerei, die einen Lotosstamm mit Wurzeln, Blättern und Blüten darstellte, zur Rechten ein Korallenbaum. Die Zwischenräume waren mit einzelnen Perlen und Edelsteinen ausgefüllt, so daß das Ganze eine glatte Fläche bildete, und darüber hatte man ein Netz aus Perlen gebreitet. Als man den Sargdeckel hob, um ihn endgültig anzumachen, legte eine Prinzessin des kaiserlichen Hauses noch einen prachtvollen Jadeschmuck, achtzehn Buddhas darstellend, hinzu und eine andere jadene Schnitzerei in Gestalt von acht galoppierenden Pferden. [11]

Das Grab und insbesondere die untere Grabkammer, wo der Sarg später stehen sollte, war mit äußerster Sorgfalt und Handwerkskunst unter Aufsicht von Prinz Kung, Jung Lu und sogar der Kaiserinwitwe gebaut worden. Man hatte speziell darauf geachtet, dass Diebe es nicht zerstören könnten, und dennoch fand Cixi, als sie dort begraben lag, nicht lange Ruhe. Während der schweren Bürgerkriege in der Zeit der Revolution wurde das Grab geplündert. Im Jahre 1928 gruben nationalchinesische Armee-Ingenieure, die ihr Handwerk an ausländischen Schulen gelernt hatten, einen unterirdischen Gang und sprengten mit moderner Technik sowohl das Grab des Kaisers Qianlong als auch das der Kaiserinwitwe Cixi. Die Mumien von Qianlong und die seiner Kaiserinnen und Nebenfrauen wurden auf der Suche nach Reichtümern zerhackt und auch die Mumie Cixis wurde entkleidet und ihre Grabstätte aller Kostbarkeiten beraubt. Man schätzte den Wert des Diebesgutes auf mehr als 700 Millionen Dollar.

Als Pu Yi, der Ex-Kaiser, in seinem Exil von diesem Vandalismus erfuhr, sandte er einige Männer seiner Begleitung zur Grabstelle, und zusammen mit alten, anhänglichen Eunuchen, die in der Nachbarschaft lebten, legten sie die Überreste ihrer ehemaligen Herrscherin nur mit einem einfachen Mandschu-Kleid bedeckt zur letzten Ruhe.[13]

Das Ende des chinesischen Kaiserreichs

Daniele Varè fasste Cixis Regierungszeit folgendermaßen zusammen:

Das Ende der Monarchie und der Sturz der Mandschus fallen mit dem Tod Cixis zusammen, denn die drei Jahre, die noch bis zur Ausrufung der Republik vergehen, sind geschichtlich bedeutungslos. Die alte Prophezeihung[13] ist in Erfüllung gegangen, eine tapfere Frau hat über die Mandschus geherrscht und ihren Sturz heraufbeschworen. Sie ist eine wagemutige, ja heldenhafte Herrscherin gewesen, aber sie unterschätzte die Macht der Gewalten, die sich ihr entgegenstellten. Sie trug die Schuld daran, dass die Verwaltung des Reiches nicht rechtzeitig den veränderten Zeitläuften angepasst wurde, doch teilte sie diese Schuld mit der Mehrzahl ihrer Untertanen, Chinesen wie Mandschus. Und gerade deshalb, weil sie die Fehler und die Vorzüge ihres Volkes besaß, wurde sie von ihrem Volk geliebt. Sie war der Inbegriff der alten Weisheit, der alten Unnahbarkeit, der alten Verachtung. Als sie starb, ging das alte China in Flammen auf. [14]

Drei Jahre nach dem Tod der Herrscher, 1911, brachen die lange erwarteten Aufstände und Rebellionen aus. An der Spitze der republikanischen Revolution stand der Bauernsohn und Arzt Dr. Sun Yat-sen (1866-1925), der nach dem gescheiterten Reformversuch des Kaisers Guangxu nach England und später nach Amerika geflohen war. Am 29. Dezember 1911 wurde er in Nanking zum Präsidenten der Republik China ausgerufen. Kaiserinwitwe Longyu versammelte daraufhin die Granden um sich und erklärt unter Tränen, dass sie bereit sei, die Verantwortung dafür zu übernehmen, dass die Dynastie mit der Abdankung des fünfjährigen Pu Yi endete. Sie sagte:

„Alles, was ich will, ist Frieden unter dem Himmel. "

Und so setzte die Kaiserinwitwe am 12. Februar 1912 ihren Namen unter das Abdankungsdekret, mit dem die Dynastie der Großen Qing, die 268 Jahre geherrscht hatte, endete – und mit ihr 2000 Jahre absolute Monarchie in China. Kaiserinwitwe Longyu verfügte:

„Im Namen des Kaisers übertrage ich das Recht zu herrschen auf das gesamte Land, das nun eine verfassungsmäßige Republik ist!"[15]

Nachwort

Bei der Recherche zu diesem Buch folgte ich dem chinesischen Sprichwort:

„Öffne ein Buch und es wird dir nützen.“

开卷有益。- *„Kāi juàn yǒu yì.“*

Ich habe viele Bücher geöffnet, und sie haben mir in mehrfacher Hinsicht geholfen: sie haben mich inspiriert, erstaunt, überrascht, erschüttert, beschämt und in die Lage versetzt, dieses Buch zu schreiben. Sehr hilfreich war, dass es etliche Zeitzeugen gab, die ihre Erlebnisse in China zum Ende des 19. und zum Anfang des 20. Jahrhunderts aufgeschrieben haben und deren Werke nun nach ungefähr 100 Jahren wieder neu aufgelegt wurden. Damals hielten sich vorwiegend westliche Kaufleute, Diplomaten und Armeeangehörige mit ihren Familien in Peking auf. Während die Herren nur kurze offizielle Treffen mit den Herrschern hatten, lud die Kaiserinwitwe zum Ende ihrer Regierungszeit einige der Damen zu persönlichen Besuchen in die Verbotene Stadt ein. Die Schilderungen dieser Frauen erlauben einen Einblick in das Leben und die Pracht hinter den dicken Mauern. Sie erzählen von Zeremonien und Riten, die Jahrhunderte lang während jeder Dynastie strikt befolgt wurden, und sie beschreiben den Prunk der Kostbarkeiten, von denen heute nur noch wenige Exponate in den Palastmuseen zu bewundern sind. Die Damen scheuten sich nicht, ein positives Bild dieser einsamen, fremdartigen Kaiserinwitwe zu zeichnen, die von den meisten Männern nur belächelt, verachtet oder verunglimpft wurde. Aus vielen Mosaikstücken zusammengesetzt ergab sich das Lebensbild einer faszinierenden Frau, die während der letzten chinesischen Dynastie fast 40 Jahre lang vom Drachenthron aus regierte. Sie versuchte das chinesische Reich zu schützen, den alten traditionellen Gesetzen zu folgen und sich gleichzeitig den Neuerungen aus dem Westen zu stellen. Es war eine fast unlösbare Aufgabe für eine Frau, die nur ein einziges Mal, und das auf der Flucht, einen kleinen Teil ihres Riesenreiches bereiste. Mit dem Tod der Kaiserinwitwe Cixi, dem vom Volk verehrten „Alten Buddha", endete die Qing-Dynastie und gleichzeitig zerbrach das mehr als 2000 Jahre alte chinesische Kaiserreich.

Aus heutiger Sicht kann man sagen: Hauptursache des Konflikts war, dass weder der Westen den Osten noch der Osten den Westen verstand oder auch nur zu verstehen versuchte.

Der weise Konfuzius sprach:

Der Mensch hat dreierlei Wege klug zu handeln:

Durch Nachdenken ist der edelste,

durch Nachahmen der einfachste,

durch Erfahrung ist der bitterste.

Cixi musste den dritten gehen.

Doch nicht allein Bücher haben zum Entstehen dieses Werkes beigetragen. Familie und Freunde teilten meine Begeisterung, unterstützten mich mit Ratschlägen und lasen Korrektur. Besonders hervorheben möchte ich Dr. Heike Doane und Sophia Liang aus den USA. Frau Beate Horlemann übernahm freundlicherweise wieder das Lektorat und Herr Manfred Brand gestaltete professionell Text und Einband und führte die Verhandlungen mit dem Verlag. Dank sei allen, die mir mit Rat und Tat zur Seite gestanden haben.

Den Wegen von Konfuzius möchte ich einen vierten hinzufügen:

Der Weg

mit Begleitung ist der vergnüglichste.

Ich habe diesen gewählt.

Anmerkungen

Geschichtlicher Hintergrund

1. Fenby, Jonathan, *Das chinesische Kaiserreich*, S. 190

2. Grießler, Margareta, *Alles unter dem Himmel*, S .296

3. Fenby, *Das chinesische Kaiserreich*, S. 224

4. Warner, Marina, *Die Kaiserin auf dem Drachenthron*, S. 46

5. zit. nach Grießler, *Alles unter dem Himmel*, S. 290

6. Fenby, *Das chinesische Kaiserreich*, S. 224

7. Fenby, *Ibid*, S. 226

8. Fenby, *Ibid*, S. 226

9. Sergeant, *The Great Empress, Dowager of China*, S.54   **Philip Walsingham Sergeant** (1872-1952) war ein britischer Journalist und Schriftsteller, der mehrere Bücher über populäre historische Persönlichkeiten und über das Schachspiel veröffentlichte. Sergeant kam als Herausgeber der "Hongkong Daily Press" nach China zu einem Zeitpunkt, als sich der Boxeraufstand seinem Höhepunkt näherte. Er erlebte die letzten Jahre des chinesischen Kaiserreichs und erwarb aufgrund seiner beruflichen Tätigkeit und Kontakte profunde Kenntnisse der chinesischen Lebensauffassung und des politischen Geschehens. Mit Hilfe dieses Wissens schildert er in seinem Buch "The Great Empress, Dowager of China" (erschienen 1910) die letzte Herrscherin auf dem Drachenthron nicht als blutrünstige alte Vettel, wie es zu jenen Zeiten bei westlichen Journalisten üblich war.

Kapitel 1 - Unbeschwerte Kindheit

1. Min, Anchee, *Empress Orchid*, S. 20
2. Ibid. S. 19-24

Kapitel 2 - Eine Konkubine 5. Grades

1. Stadtplan der Kaiserstadt
2. Buck, *Das Mädchen Orchidee*, S. 24 Von nun an wird Orchidee am Hofe Yehonala genannt, was sich auf ihre Stammeszugehörigkeit bezieht. **– Pearl S. Buck** (1892-1973) Als Tochter amerikanischer Missionare verbrachte sie den größten Teil ihres Lebens vor 1934 in Zhenjiang/ China. Für ihren Roman „Die gute Erde" wurde sie 1932 mit dem Pulitzer Preis ausgezeichnet. 1938 erhielt sie als erste Frau den Nobelpreis für Literatur – verliehen für „ihre reichen und wahrhaft epischen Schilderungen des chinesischen Bauernlebens und für ihre biographischen Meisterwerke.
3. Fenby, *Das chinesische Kaiserreich*, S. 233. Während Cixis Bild im Westen das einer tyrannischen „Drachenfrau" war, zeigt dieses romantische Portrait sie als junge Frau. Es erschien in Publikationen wie zum Beispiel "Chinese Characteristics" von Arthur Schmidt 1894
4. Recherche von Sophia Liang: Der Schriftzug bedeutet „Friedvolles Leben". Die Kaiserinwitwe hatte einen Palast mit gleichem Namen. Es scheint, dass sie ein Leben / ein Heim haben wollte, das friedlich und sicher ist, aber ihr Leben war voller Tumult und Gefahr.
5. **Lotos- oder Lilienfüße** Als Lotosfüße bezeichnete man im Kaiserreich China die Füße der Frauen, die durch extremes Einbinden und Knochenbrechen zugunsten eines etwa tausend Jahre lang anhaltenden Schönheitsideals deformiert wurden. Der Brauch geht angeblich auf die Geliebte des Kaisers Li Houzhu zurück, des letzten Kaisers der Tang-Dynastie (618-935). Diese Tänzerin bandagierte sich die Füße, um auf der goldenen lotosblütenförmigen Bühne, die der Kaiser ihr bauen ließ, besonders graziös tanzen zu können. Ab der Song-Dynastie (960-

1279) wurde es üblich, die Füße von Mädchen aus den gehobenen Schichten schon im frühen Kindesalter (fünf bis acht Jahre) dergestalt einzubinden, dass sie nicht länger als 13-14 cm waren. Lebenslange Schmerzen und die körperliche Behinderung wurden selbstverständlich akzeptiert und machten junge Frauen bei Männern attraktiv. Der kleinschrittige Gang hatte eine erotische Ausstrahlung, die der von Stöckelschuhen gleicht. Frauen mit Lotosfüßen waren meist nicht mehr in der Lage, sich ohne fremde Hilfe auf weiten Strecken fortzubewegen. So verband sich das Schönheitsideal kleiner Füße mit der Tugend, das Haus nicht zu verlassen. In der Landwirtschaft mussten Mädchen und Frauen jedoch mithelfen und blieben deshalb von der Tortur des Füßeeinbindens verschont. Mit Beginn der Mandschu-Dynastie (17. Jahrhundert) setzte ein Wandel ein, denn die Frauen des alten Reitervolkes übernahmen die Sitten der Han-Chinesen nicht.

6. Buck, *Das Mädchen Orchidee*, S. 38ff Die Kaiserinwitwe verziert ihre Kalligraphien mit persönlichen Siegeln. Die Aufschriften lauten „Lauteres Herz und rechter Charakter" und „Wie das Wasser so klar und der Jade Glanz".

7. Warner, *Die Kaiserin auf dem Drachenthron*, S. 32

8. Chang, Jung, *Kaiserinwitwe Cixi*, S. 97

9. Warner, *Die Kaiserin auf dem Drachenthron*, S. 34

Kapitel 3 - Die Favoritin des Kaisers

1. Godden, *The Butterfly Lions*, S. 54 – **Rumer Godden** (1907-1998) war eine englische Schriftstellerin, die in ihren ersten 40 Jahren hauptsächlich in Indien lebte. Sie schrieb mehr als 60 Bücher, vorwiegend Romane und Kinderbücher. Viele ihrer Schriften handeln von Indien bzw. dem Leben in Asien. Im vorliegenden Buch recherchiert sie Ursprung und Entwicklung des chinesischen Palasthundes und zieht Parallelen zwischen Queen Victoria und der Kaiserinwitwe Cixi.

2. Buck, *Das Mädchen Orchidee*, S. 91 **Namen**: nach „Orchidee" und „Yehonala" wird die Kaisermutter von nun an „Tzu Hsi" bzw. „Cixi" genannt

3. Min, *Empress Orchid*, S. 386

4. Min, *Ibid*, S. 389f

5. Saller, W., Cixi, die letzte Herrscherin, S. 142,146

Kapitel 4 - Der zweite Opium-Krieg

1. Seagrave, *Die Konkubine auf dem Drachenthron*, S. 78ff **Sterling Seagrave** (1937-2017) war ein amerikanischer Historiker, der an der chinesisch-burmesischen Grenze in einer Familie aufwuchs, die in fünfter Generation im Fernen Osten lebte. Als investigativer Journalist schrieb er mehrere Artikel für große Zeitungen und bekannte Magazine. Seine Bücher handelten hauptsächlich von inoffiziellen und geheimen Aspekten der politischen Geschichte von Ländern im fernen Osten während des 20. Jahrhunderts „Die Konkubine auf dem Drachenthron – Leben und Legende der Letzten Kaiserin von China (1835-1908) erschien 1992 – zu einem Zeitpunkt, da die verleumderischen Berichte von Blackhouse und Bland über die Kaiserinwitwe schon als Fälschung aufgedeckt worden waren. Seagraves Ehefrau Peggy Seagrave agierte als Mitautorin.

2. Seagrave, *Ibid*, S. 81

3. Fenby, *Das chinesische Kaiserreich*, S. 224f

4. Seagrave, *Ibid*, S. 90

5. Gaza, Klaus von, *Der Sohn des Mandarins*, S. 222

6. Chang, *Kaiserinwitwe Cixi*, S. 57

7. Chang, *Ibid*, S.96

Kapitel 5 - Eine junge Kaiserinwitwe

1. Varè, *Die letzte Kaiserin*, S. 591- **Daniele Varè** (1880-1956) war ein italienischer Diplomat und Autor. Im Jahre 1907 trat er in den diplomatischen Dienst ein. Seine erste Auslandsstelle erhielt er in China 1912. Nach einem Aufenthalt in London kehrte er als Minister von 1927-

1931 nach Peking zurück. Er war fasziniert von China und studierte dessen Geschichte und Kultur. Mehrere seiner Romane spielen in diesem Land: *Der Schneider himmlischer Hosen / Der Tempel der kostbaren Weisheit / Das Tor der glücklichen Sperlinge / Die letzte Kaiserin*

2. Warner, *Die Kaiserin auf dem Drachenthron*, S. 84

3. Seagrave, *Die Konkubine auf dem Drachenthron*, S. 108

4. Warner, *Ibid.*, S.199 / 5 Warner, *Ibid*, S. 88

Kapitel 6 - Kaiser Tongzhi wird erwachsen

1. Varè, *Die letzte Kaiserin*, S 121

2. Varè, *Ibid*, S. 88 und Chang, *Kaiserinwitwe Cixi*, S. 124 f

3. Varè, *Ibid*, S. 119 und Warner, *Die Kaiserin auf dem Drachenthron*, S. 168

4. Warner, *Ibid*, S. 120

5. **Der Kotau:** mit Kotau bezeichnet man den ehrerbietigen Gruß im Kaiserreich China. Dabei warf sich der Grüßende in gebührendem Abstand vor dem zu Begrüßenden nieder und berührte mehrmals mit der Stirn den Boden. Gegenüber dem Kaiser erfolgte ein dreimaliges Niederwerfen mit je dreimaligem Berühren des Fußbodens mit der Stirn. Nach Vollführung des Kotaus blieb man häufig in knieender oder sitzender Körperhaltung. Nach der Revolution und der Ausrufung der Republik China wurde der Kotau 1912 abgeschafft.

6. Cordier-Relations zitiert in Warner, *Ibid*, S. 142

7. Warner, *Ibid*, S. 124

8. Varè, *Ibid*, S. 122

Kapitel 7 - Abermals Regentin

Harry Hussey wurde 1881 in einem kleinen Dorf in Kanada geboren. Eines Tages besuchte ein Missionar diesen Ort und weckte mit seinen Schilderungen in dem Jungen ein fast unstillbares

Interesse für China. Als Hussey. schon ein erfolgreicher Architekt war, erhielt er 1911 eine Einladung vom Internationalen Komitee des YMCA, in den Orient zu reisen und dort Pläne für geplante Missionsgebäude zu entwerfen. China wurde das Land seiner Wahl und Peking die Stadt, in der er leben wollte. Durch Zufall erwarb er das Haus eines früheren Qing-Beamten, das sich ganz in der Nähe der Verbotenen Stadt befand. Viele seiner Nachbarn und Freunde waren Mandschu, und als sie sein Interesse an der Qing-Dynastie und der Kaiserinwitwe Cixi entdeckten, bestärkten sie ihn in seinem Vorhaben, ein Buch zu schreiben. Sie halfen ihm bei seiner Recherche, und er konnte die Paläste in der Verbotenen Stadt und im Sommerpalast besuchen, die Juwelen, Kleider und Gemälde der Kaiserinwitwe bewundern, und man führte ihn selbst zur Insel, wo Kaiser Guangxu gefangen gehalten worden war. Seine Mandschu-Freunde gewährten ihm Zugang zu ihren privaten Papieren, ihren Tagebüchern, ihren Bibliotheken und boten auch persönliche Hilfe beim Sammeln des notwendigen Materials an. So wurde das Buch "Venerable Ancestor" ein authentischer Lebensbericht dieser in seinen Augen „Ehrwürdigen Ahnin".

1. Hussey, *Venerable Ancestor*, S.213 Hussey bemerkte dazu: Jahre später, als wir alle in Peking darüber schockiert waren, dass man Alutes Grab geplündert hatte, erfuhren wir, dass Vandalen offensichtlich gehört hatten, die junge Kaiserinwitwe habe „Gold gegessen". Sie sezierten die Leiche und suchten vergeblich nach Gold.

2. Sergeant, Philip W., *The Great Empress, Dowager Of China,* S. 109   **Li Hong-chang** (1823-1901) war ein chinesischer General, der mehrere größere Rebellionen beendete. Im Gegensatz zu vielen anderen Politikern seiner Zeit suchte Li Hong-chang den Kontakt zur internationalen Politik. Er wurde der wichtigste außenpolitische Verhandlungsführer Chinas. Lady Mac Donald bezeichnete ihn als „Der Große Alte Chinese". 1890 reiste Li Hong-chang nach Europa, und 1896 weilte er zu einem Staatsbesuch in Deutschland. Dabei traf er auch Fürst Otto von Bismarck auf dessen Schloss Friedrichsruh. Angeblich war Kaiser Wilhelm etwas verärgert, dass Li Hong-chang Bismarck ihm vorzog. Baron von Ketteler besuchte mit ihm Waffenfabriken, zum Beispiel Krupp. Da Li Hong-chang den Vertrag von Shimonoseki unterschrieb, wurde er in China für die Niederlage verantwortlich gemacht. Er war zeit seines Lebens loyal zur Kaiserinwitwe.

3.   Sergeant, *The Great Empress, Dowager Of China*, S. 109f

4.   Warner, *Die Kaiserin auf dem Drachenthron*, S. 144

5.   Chang, *Kaiserinwitwe Cixi*, S. 65

6.   Warner, *Ibid, S. 169*

7.   Hussey, *Venerable Ancestor,* S.198f

8.   Godden, *The Butterfly Lions*, S. 55

9.   Warner, *Ibid,* S.150

10. Buck, *Das Mädchen Orchidee*, S. 350

11. Sergeant, *Ibid,* S.116

12. Preston, Diana, *Rebellion in Peking*, S.42f

13. Bickers, Robert, *The Scramble for China,* S.324

14. Warner, S. 180

15. Der Großvater der Autorin (mütterlicherseits) ging als Soldat des Kaisers nach China und kämpfte im Boxeraufstand. Laut Überlieferung kehrte er krank zurück und starb früh. Im Familienbesitz befinden sich heute noch seine bunt bestickte Fahne und ein kleiner sitzender Buddha aus Metall- seltsame Kuriositäten in naiven Kinderaugen.

16. Preston, *Ibid,* S. 56 Die „Gesellschaft des Göttlichen Wortes" wurde 1875 von Arnold Janssen im niederländischen Steyl gegründet. Der Orden der Steyler Missionare ist der siebtgrößte katholische Männerorden weltweit; auch zwei Schwesternkongregationen gehören ihm an. Der christliche Auftrag des Respekts und der Achtung vor dem anderen bestimmte von Beginn an den Umgang der Missionare mit anderen Kulturen und Traditionen. Die ersten Missionare, die nach China entsandt wurden, sollten helfen, christliche Missionen zu gründen.

17. Warner, *Ibid, S.177*

18. Karikatur: Kaiser Wilhelm II: streitet mit Königin Victoria um ein Stück Grenzland und sticht mit dem Messer in den Kuchen, wobei er die aggressiven deutschen Intentionen deutlich macht; Zar Nikolaus II. hat auch ein bestimmtes Stück im Auge; die französische Marianne sieht man diplomatischerweise nicht mit einem Messer, aber sie steht nahe dem Zar, um die französisch-

russische Allianz zu dokumentieren; der japanische Samurai überlegt, welches Stück er wohl gerne hätte. Ein Beamter des chinesischen Kaiserreichs möchte das Geschehen stoppen, ist aber hilflos.

19. Heyking, *Briefe, die ihn nicht erreichten*, S.17 **Elisabeth von Heyking** (1861-1925), eine Enkelin von Achim und Bettina von Arnim, war in zweiter Ehe mit dem preußischen Diplomaten Edmund Baron von Heyking verheiratet. Um die Jahrhundertwende lebt sie mit ihrem Ehemann in Peking und hat während dieser Zeit Gelegenheit, die Kaiserinwitwe Cixi persönlich zu treffen. 1902 kehrt das Ehepaar nach Deutschland zurück. In zwei Romanen verarbeitet E. v. Heyking ihre Erfahrungen als Diplomatenfrau in Peking. *„Briefe, die ihn nicht erreichten"* erscheint 1903 und wird ihr erfolgreichstes Buch mit mehr als hundert Auflagen. 1914 folgt *„Tschun – eine Geschichte aus dem Vorfrühling Chinas"*.

20. Bickers Landkarte

Kapitel 8 - Die Hundert Tage Reform

1. **Kang Yu-wei (1857-1927)** war ein führender Reformer, Pädagoge und Philosoph, gebürtig im Süden Chinas in der Provinz Guangdong. Reisen nach Hongkong 1879 und Shanghai 1882 führten ihn in chinesische Gebiete unter ausländischer Verwaltung und stärkten seine Überzeugung, dass China der Reformen bedürfe. Er verfasst mehrere Schriften, darunter das umstrittene Werk *„ Untersuchung der Reformen des Konfuzius"*. Kaiser Guangxu war besonders beeindruckt von dem Buch *„Studium der politischen Reformen in Japan"* und machte Kang Yu-wei zu seinem wichtigsten Berater während der Reformbewegung. Nach deren Misserfolg floh Kang Yu-wei und lebte fortan im Exil. Der in diesem Buch zitierte Autor P.W. Sergeant traf ihn 1904 in London.

2. **Yuan Shi-kai (1859-1916)** war Oberkommandierender der Chinesischen Truppen und ein loyaler Anhänger Cixis. Er verriet den Staatsstreich der Hundert-Tage-Reform und wurde damit zum Todfeind des Kaisers Guangxu. Nach Cixis Tod enthob ihn Regent Chun all seiner Posten,

vermutlich aufgrund eines geheimen Testaments von Guangxu, der sich für den Verrat rächen wollte. Nach der Revolution von 1911 überspielte Yuan Shi-kai dank seiner wiedererlangten militärischen Macht den ersten provisorischen Präsidenten Dr. Sun Yat-sen und wurde erster Staatspräsident der Republik China. 1915 ernannte er sich selbst zum Kaiser, nach kurzer Zeit zwang man ihn jedoch zur Abdankung.

3. Kieser, Egbert, *Als China erwachte – Der Boxeraufstand*, S. 35
4. Sergeant; *The Great Empress, Dowager Of China*, S.185

Kapitel 9 - Besuch der ausländischen Damen

1. Scidmore, *China – The Long-Lived Empire, S.133* **Eliza R. Scidmore** (1856-1928), eine amerikanische Schriftstellerin, Fotografin und Wissenschaftlerin, liebte es zu reisen, um fremde Länder und deren Kulturen zu erkunden. Ihr Bruder George Scidmore war von 1884-1922 Diplomat im Fernen Osten, und Eliza besuchte ihn oft, was ihr erlaubte, Regionen kennenzulernen, die normalen Touristen nicht zugänglich waren. Über diese Reisen schrieb sie Artikel für das "National Geographic Magazine". 1900 erschien ihr Buch "China, The Long-Lived Empire", in dem sie das Leben in dieser für China schicksalshaften Zeit beschreibt.

2. Townley, *Indiscretions of Lady Susan,* ohne Seitenangabe **Lady Susan Townley** entstammt einer alten englischen Adelsfamilie. Im Jahre 1896 heiratet sie Walter B. Townley, der zu dieser Zeit Sekretär im diplomatischen Dienst ist. Ihren Gatten, den späteren Sir Townley, begleitet sie auf seiner beruflichen Laufbahn nach Lissabon, Berlin, Rom, Peking, Konstantinopel, Südafrika, Persien, Belgien und Holland. Lady Susan besaß die Gabe, angeregte Unterhaltungen zu führen, und erfuhr auf diese Weise Interessantes über Menschen und Kultur der verschiedenen Länder. In ihren Büchern *"My Chinese Note Book"* und *"Indiscretions of Lady Susan"* berichtet sie über ihr Leben in Peking und das fast freundschaftliche Verhältnis mit der Kaiserinwitwe Cixi.

3. Chang, *Kaiserinwitwe Cixi*, S. 340
4. Townley, *Ibid,* Chapter V, Peking

5. Kaminski & Unterrieder, *Wäre ich Chinese, so wäre ich ein Boxer*, S. 103f. Der Titel des Buches bezieht sich auf eine Begebenheit in der Legation, die Susanna Hoe folgendermaßen schildert: Dr. von Rosthorn hatte klare radikale Ideen über sein Gastland. Er hielt sich genau an das Protokoll, worüber andere Diplomaten sich mokierten, und er versuchte die Gründe für Chinas wachsenden Fremdenhass zu verstehen. „Überlegt einmal, wie es sein würde", schlug er vor, „wenn man Großbritannien zwingen würde, Cornwall an Frankreich abzutreten." Und, sein Temperament kennend, konnte man annehmen, dass er es ernst meinte, als er rief: „Wenn ich Chinese wäre, so wäre ich ein Boxer!"

6. Chang, *Ibid*, S. 63

7. Chang, *Ibid*, S. 342

8. Chang, *Ibid*, S. 343

9. Hoe, Susanna, *Women at the Siege*, S.12 Beispiele bösartiger Darstellungen der Kaiserinwitwe in westlichen Journalen finden sich in Kapitel 11

10. Townley, *Ibid*, Chapter V Peking

Kapitel 10 - Die Boxer

1. Gaza, *Der Sohn des Mandarin*, S. 427

2. Fenby, *Das chinesische Kaiserreich*, S. 239

3. Hussey, *Venerable Ancestor*, S.271f

4. Fenby, *Ibid*, S. 239

5. Preston; *Rebellion in Peking*, S. 59

6. Sergeant, *The Great Empress, Dowager of China*, S. 77f

7. Hussey, *Ibid*, S. 220

8. Min, *Empress Orchid*, S. 302f

9. Gaza, *Ibid*, S.608

Kapitel 11 - Ein heißer Sommer

1. Das **Zongli Yamen,** das „Amt für die Belange verschiedener Nationen", kurz das „Außenministerium", wurde im Jahre 1861 gegründet. Eingerichtet wurde es durch Prinz Kung in Umsetzung des Vertrags von Tianjin von 1858, der China zur Aufnahme gleichberechtigter diplomatischer Beziehungen zu anderen Staaten verpflichtete. Das Zongli Yamen wurde die Anlaufstelle für die ausländischen Diplomaten, da diese nicht vom Kaiser empfangen wurden. Der erste Präsident im Zongli Yamen war Prinz Kung, der diese Position jahrelang inne hatte und sich dabei als geschickter Verhandlungspartner zwischen Hof und Ausländern zeigte.

2. Preston, *Rebellion in Peking*, S.122

3. Varè, *Die letzte Kaiserin*, S. 204

4. Varè, *Ibid*, S. 207

5. Kaminski & Unterrieder, *Die letzte Kaiserin*, S. 71

6. Mabire, Jean, *Blutiger Sommer in Peking*, S 193

7. Warner, *Die Kaiserin auf dem Drachenthron*, S. 245

8. Johnston, *Twilight In The Forbidden City*, S.48f. **Reginald Fleming Johnston**(1874-1938) war ein schottischer Akademiker, Diplomat, Pädagoge und Erzieher. 1898 trat er in den britischen Kolonialdienst ein und ging nach China, wo er zuerst in Hongkong und später als Distrikt-Offizier in der Provinz Shandong tätig war. Im Jahre 1919 wurde er zum Lehrer des damals 13jährigen Pu Yi, des letzten Kaisers von China, berufen. Der Knabe befand sich zu diesem Zeitpunkt noch als nicht regierender Monarch in der Verbotenen Stadt. Johnston war der erste männliche Europäer, der über mehrere Jahre mit dem chinesischen Hof zusammenlebte. Bis 1924 begleitete und unterrichtete er Pu Yi sowohl in Peking als auch im Sommerpalast, und seine Erfahrungen schrieb er im Buch *"Twilight In The Forbidden City"* nieder. Seine bedeutende Rolle bei der Erziehung des letzten chinesischen Kaisers in der turbulenten Zeit des Umbruchs wird offenkundig in dem Monumentalfilm „Der letzte Kaiser" von Bernardo Bertolucci.

9. Warner, *Ibid*, S. 243

10. Headland, *Court Life in China"*, S. 16. **Isaac Taylor Headland (1859-1942)** lebte als amerikanischer Missionar und Professor an der Peking Universität zu Zeiten der Kaiserinwitwe Cixi in China (1890- 1914). Mehr als zwanzig Jahre lang war seine Ehefrau die Hausärztin der Familie von Cixis Mutter, ihrer Schwester und vieler Prinzessinnen sowie der Ehefrauen hoher Beamter des Hofes. Frau Dr. Marian Headland besuchte die Damen zu Hause, zuweilen als Ärztin, aber auch als Freundin. So hatte sie Einblick in das Leben der Chinesen und konnte ihren Mann bei den Recherchen zu seinen Artikeln und Büchern unterstützen. In *"Court Life in China"* berichtete I.T. Headland von den letzten Jahrzehnten der Qing-Dynastie. Er zeichnete ein positives Bild der Kaiserinwitwe und wies darauf hin, dass die bösartigen Kommentare meist von Leuten stammten, welche die Regentin nie gesehen, geschweige denn gesprochen hatten.

11. Townley, *Indiscretions of Lady Townley*, ohne Seitenangabe

12. Preston, *Rebellion in Peking*, S. 405

13. Hogge, *The Empress Dowager and the Camera*, S. 8f. **David Hogge** ist seit 1997 Leiter des Archivs der "Freer Gallery of Art and the Arthur M. Sackler Gallery" in Washington DC, USA.

Kapitel 12 - Rückkehr nach Peking und Öffnung

1. Warner, *Die Kaiserin auf dem Drachenthron*, S.249

2. Warner, *Ibid*, S.249

3. Laidler, Keith, *The Last Empress – The She-Dragon of China*, S. 255f

4. Schreeb, *Hinter den Mauern von Peking*, *S.458*, 478. Frau von Heyking, Ehefrau eines deutschen Gesandten, hat sich stets, sowohl in ihren Briefen, als auch im persönlichen Gespräch, abfällig über die Regentin ausgelassen. Einmal soll sie die Herrscherin der Chinesen als hart und trocken wie ein alter Besenstiel bezeichnet haben. Ihr Mann hat nur Verbalinjurien für die Kaiserin-Witwe übrig, und auch von Ketteler hat sie in seinen Berichten aufs unfreundlichste gezeichnet.

5. Chang, *Kaiserinwitwe Cixi*, S 481

6. Der Ling, *Two Years in the Forbidden City*, S.10

7. Der Ling, *Ibid*, S. 11

8. Der Ling, *Ibid*, S. 12

Kapitel 13 - Eine Hofdame berichtet

1. Seagrave, *Die Konkubine auf dem Drachenthron*, S.141

2. Der Ling, *Two Years in the Forbidden City*, S. 28f

3. Warner, *Die Kaiserin auf dem Drachenthron*, S 162. Ein Drachengewand in kaiserlichem Gelb, verziert mit Staubperlen und Korallen und mit purpurnen Einfärbungen, die Cixi an den Streifen am Gewandsaum so liebt; ferner sind die Zeichen für „Doppelte Freude" und „Vermähltes Glück" zu erkennen und stilisierte Fledermäuse, ebenfalls Symbole des Glücks.

4. Headland, Isaac Taylor, *Court Life in China*, S.119f

5. Der Ling, *Two years in the Forbidden City*, S. 50

6. Der Ling, *Ibid*, S. 63

7. Der Ling, *Ibid*, S. 65

8. Der Ling, *Ibid*, S. 66

9. Der Ling, *Ibid*, S. 105

10. Der Ling, *Ibid*, S. 107

11. Der Ling, *Ibid*, S. 108

12. Der Ling, *Ibid*, S. 84 f

13. Der Ling, *Ibid*, S. 86f

14. Offizielles Foto – Genehmigung durch "Freer Gallery of Art and the Arthur M. Sackler Gallery, Smithonian Institution", Washington, D. C., USA

Kapitel 14 - Aus Fremden werden Freunde

1. Carl, Katherine, *With the Empress Dowager of China*, S. XXIV

2. Carl, *Ibid*, S. XXV

3. Carl, *Ibid*, S. XXVI

4. Chang, *Kaiserinwitwe Cixi*, S.96

5. Carl, *Ibid*, S.19

6. Carl, *Ibid*, S. 40

7. Carl, *Ibid*, S.141

8. Carl, *Ibid*, S.139f

9. Auch heute noch ist es in einigen Ländern Asiens Brauch, Vögel zusammen mit guten Wünschen gen Himmel zu senden. Im Jahre 2016 traf die Autorin in Vientiane/Laos vor dem Tempel Prahat Luang Vientiane, dem spirituellen Zentrum aller Laoten, eine Frau mit vielen kleinen Käfigen, in denen Vögel unterschiedlichster Art zwitscherten. Sie erwarb einen Käfig mit einer Handvoll Spatzen, öffnete das Türchen, wünschte sich Gutes für die ganze Familie und entließ die Vögel in die Freiheit.

10. Der Ling, *Two Years in the Forbidden City*, S.47f

11. Carl, *Ibid*, S.37

12. Der weitere Weg des Gemäldes: Präsident Roosevelt übergab das Bild der Sammlung des "Smithsonian"-Museums in Washington, wo es bis 1960 verblieb. In den1960er Jahren wurde es an ein Museum in Taiwan ausgeliehen. Als es nach mehr als 40 Jahren wieder nach Amerika zurückkam, musste man feststellen, dass es sich in einem jämmerlichen Zustand befand. Da gab es Risse und Abblätterungen, Schmutzschichten und verfärbter Firnis entstellten das Portrait, und der Holzrahmen hatte ebenfalls gelitten. Aufgrund der historischen Bedeutung des Gemäldes entschloss man sich, es trotz des enormen Umfangs der Schäden restaurieren zu lassen. 23 unterschiedlich Fachleute brachten das Projekt zu einem erfolgreichen Ende, sodass das Portrait der Kaiserinwitwe wieder der Öffentlichkeit zugänglich gemacht werden kann.

13. Hayter-Menzies, Grant, *The Empress und Mrs. Conger*, S. 258f

14. Seagrave, *Dragon Lady*, S. 562f

15. Seagrave, *Ibid*, S.564

16. Seagrave, *Ibid*, S. 566

17. Foto Hart, *Internet*

18. Seagrave, *Ibid*, S. 568f

19. Hogge, David, *The Empress Dowager and the Camera*, S. 3

20. Hogge, *Ibid*, S. 5

21. Hogge, *Ibid*, S.6

Kapitel 15 - Ein neues Jahrhundert - eine neue Zeit

1. Chang, *Kaiserinwitwe Cixi*, S. 433

2. Chang, *Ibid*, S.435

3. Chang, *Ibid*, S. 435

4. Chang, *Ibid*, S. 435

5. Headland, *Court Life in China*, S.32

Kapitel 16 - Das Ende der Qing-Dynastie

1. Chang, *Kaiserinwitwe Cixi*, S. 484 Im Jahre 2008 wurde bei einer gerichtsmedizinischen Untersuchung der sterblichen Überreste des Kaisers eindeutig festgestellt, dass er große Mengen Arsen zu sich genommen hatte, bevor er starb.

2. Varè, *Die letzte Kaiserin*, S. 245

3. Varè, *Ibid*, S.245

4. Hussey, Harry, *Venerable Ancestor*, S. 337

5. Saller, Karl, *Cixi, die letzte Herrscherin*, S. 152

6. Chang, *Ibid*, S. 487

7. Varè, *Ibid*, S. 246f

8. Le Petit Journal

9. Hussey, *Ibid*, S. 338

10. Hussey, *Ibid*, S. 339

11. Astor, *Patchwork Child*, S. 54f

12. Varè, *Ibid*, S. 249f

13. Hussey, *Ibid*, 342

14. Prophezeiung: Siehe Manuskript Seite 13 *Eine Vorhersage*

15. Varè, *Ibid*, S. 254

16. Chang, *Ibid*, S. 489f

Quellenverzeichnis

„Öffne ein Buch und es wird dir nützen."

开卷有益。- *„Kāi juàn yǒu yì."*

Bücher in deutscher Sprache

Buck, P. S., „Das Mädchen Orchidee", Unionsverlag Zürich, Schweiz, 2011

Fenby, J., „Das chinesische Kaiserreich", National Geographic, Hamburg, Deutschland, 2010

Chang, J., „Kaiserinwitwe Cixi", Blessing Verlag, München, Deutschland, 2014

Gaza, K. v., „Der Sohn des Mandarins", Droemersche Verlagsanstalt, München, Deutschland, 2003

Grießler, M., „China – Alles unter dem Himmel", Jan Thorbecke Verlag GmbH & Co., Sigmaringen, Deutschland, 1996

Gottschalk, G., „Chinas Große Kaiser", Scherz Verlag, Bern und München, Deutschland, 1982

Hedin, S., „Jehol – Die Kaiserstadt", F. U. Brockhaus, Leipzig, Deutschland, 1935

Heyking, E. v., „Briefe, die ihn nicht erreichten", Berlin, Gebr. Paetel, 1903, Hoffenberg Sonderausgabe

Kaminski, G. & Unterrieder E., „Wäre ich Chinese, so wäre ich ein Boxer.", Europaverlag, Wien, Österreich, 1989

Kieser, E., „Als China erwachte – Der Boxeraufstand", Bechtle Verlag, Esslingen, Deutschland, 1984

Mabire, J., „Blutiger Sommer in Peking", Paul Neff Verlag, Wien, Österreich, 1978

Neuhof, O., „Der Pekingese – Palasthund – in Geschichte und Kultur", Ortrud Neuhof,

Langenhagen, Deutschland 2014

Preston, D., „Rebellion in Peking – Die Geschichte des Boxeraufstandes", Deutsche Verlagsanstalt, Stuttgart, Deutschland, 1999

Saller, W., „Cixi, die letzte Herrscherin" in „Das Alte China", GEOEPOCHE Nr. 8, Gruner & Jahr, Hamburg, Deutschland, 2002

Schreeb, H.D., „Hinter den Mauern von Peking", Ullstein Buchverlage, Berlin, Deutschland, 1999

Seagrave, St., „Die Konkubine auf dem Drachenthron", Paul List Verlag, München, Deutschland, 1993

Varè, D., „Die letzte Kaiserin", Paul Zsolnay Verlag, Berlin, Deutschland, 1936

Warner, M., „Die Kaiserin auf dem Drachenthron", Verlag Ploetz KG, Würzburg, Deutschland, 1974

Bücher in englischer Sprache

Astor, B., "Patchwork Child", Harper & Rowe Publishers, New York, USA, 1962

Béguin, G. & Morel, D., "The Forbidden City – Center of Imperial China", Harry N. Abrams, Inc., New York, USA, 1997

Bickers, R., "The Scramble for China", Penguin Books, London, Great Britain, 2011

Bland, J.O.P. & Blackhouse, E., "China under the Empress Dowager", Earnshaw Books, Hong Kong, China, 2010 (First published 1910)

Bouchard, D., "Dragon of Heaven", Raincoast Books, Vancouver, Canada, 2002

Carl, K., "With the Empress Dowager of China", KPI Limited, London, Great Britain, 1986

Chang, Hsin-hai, "The Fabulous Concubine", Oxford University Press, Hong Kong, China, 1956

Conger, S., "Letters from China", Classic Reprint Series, Forgotten Books, 2012

(Originally published 1910)

Der Ling, The Princess, "Two Years in the Forbidden City", Reprint, Lexington, KY, USA, 2016

Fu Hu, "Tales of the Qing Court"; Hai Feng Publishing Co., Ltd., Hong Kong, China, 1990

Godden, R., "The Butterfly Lions", Macmillan London Ltd., London, Great Britain, 1977

Haldane, Ch., "The Last Great Empress of China", Constable, London, Great Britain, 1965

Headland, I. T., "Court Life in China", first published in 1909, Reprint Valde Books, 2009

Hussey, H., "Venerable Ancestor", 1949, First Greenwood Reprinting 1970,USA

Hayter-Menzies, G., "Imperial Masquerade – The Legend of Princess Der Ling", Hong Kong University Press, Hong Kong, 2008

Hayter-Menzies G., "The Empress and Mrs. Conger"; Hong Kong University Press, Hong Kong, 2011

Hoe, S., "Women at the Siege", Holo Books, The Women's History Press, Oxford, Great Britain, 2000

Hogge, D., "The Empress Dowager and the Camera", Internet Essay

Hooker, M., "Behind the Scenes in Peking"; John Murray, London, Great Britain, 1911 (reproduction)

Johnston, R. F., "Twilight in the Forbidden City", 19??; Reprint: 2nd Edition Wallenberg Press, USA, 2007

Laidler, K., "The Last Empress – The She-Dragon of China", John Wiley & Sons Ltd., Chichester, Great Britain, 2003

Lin Jing, "The Photographs of Cixi in the Collection of the Palace Museum", Forbidden City Publishing House, Peking, China, 2002

Min, Anchee, "Empress Orchid", Houghton Mifflin Company, New York, USA, 2004

Min, Anchee, "The Last Empress", Houghton Mifflin Company, New York, USA, 2007

Paludan, A., "Chronical of the Chinese Emperors", Thames & Hudson Ltd., London, Great Britain, 2008

Scidmore, E. R., "China – the Long-Lived Empire", Elibron Classics, Adamant Media Corporation, 2005

Seagrave, St., "Dragon Lady", Macmillan London Ltd., London, Great Britain,1992

Sergeant, P.W., "The Great Empress, Dowager Of China", Dodd, Mead & Company, New York, USA 1911, Reprint: Forgotten Books 2015

Silbey, D., "The Boxer Rebellion and the Great Game in China", Hill and Wang, New York, USA, 2012

Tiffen, M., "Friends of Sir Robert Hart", Tiffania Books, Crewkerne, Great Britain, 2012

Townley, S., "Indiscretions of Lady Susan", Printed in Poland by Amazon Fulfillment

Townley, S.; "My Chinese Note Book", Reprint Forgotten Books, London, Great Britain, 2015

Medien

https://youtu.be7U8w8ZZVvBAs. Die Macht der schönen Konkubine

DVD: Der letzte Kaiser. Regie: Bernardo Bertolucci, 1987

Verzeichnis der wichtigsten Personen

Die Kaiser

Daoguang	regiert von 1821 bis 1850
Xianfeng	regiert von 1851 bis 1861
Tongzhi	regiert von 1862 bis 1874
Guangxu	regiert von 1875 bis 1908
Pu Yi	regiert von 1909 bis 1911

Die Kaiserinnen und Konkubinen

Orchid/Yehonala	Konkubine von Xianfeng später
Tzu-hsi/Cixi	Kaiserinwitwe des Westens (*1835-†1908)
Niuhuru/	Erste Ehefrau von Xianfeng später
Tzu-an	Kaiserinwitwe des Ostens (*1837 – †1880)
Alute	Erste Ehefrau von Tongzhi
Longyu	Erste Ehefrau von Guangxu
Perlenkonkubine	Lieblingskonkubine von Guangxu

Ratgeber, Diplomaten und Künstler

Jung Lu	Cousin und Vertrauter von Cixi, Oberbefehlshaber der Bannerleute
Su Shun	Berater von Xianfeng, Gegner von Cixi
Prinz Kung	Bruder von Kaiser Xianfeng

Prinz Chun	Bruder von Kaiser Xianfeng, Sühneprinz, Vater von Pu Yi
Prinz Tuan	Unterstützer der Boxer
Li Hong-chang	Erster Minister, Abgeordneter des Kaiserhofs, Armeeführer, Unterhändler
Yuan Shih Kai	Militärführer, Premierminister unter Pu Yi, später erster Präsident der Republik China
Kang Yu-wei	Reformer, Berater des Kaisers Guangzu
Hong Xiuquan	Gründer und Führer des Taiping-Aufstands
Sir Robert Hart	englischer Zollbeamter im Dienste des Hofes
Lord Yu Ken	chinesischer Diplomat in Japan und Frankreich
Claude MacDonald	englischer Diplomat
Edwin Conger	amerikanischer Diplomat
Baron von Ketteler	deutscher Diplomat
Mumm v. Schwarzenstein	deutscher Diplomat
Arthur v. Rosthorn	österreichischer Diplomat
Xun Ling Yu Ken	Fotograf von Cixi, Sohn von Lord Yu Ken
Hubert Vos	niederländischer Hofmaler

Die Eunuchen

An Te-hai	Eunuch der Konkubine und jungen Kaiserinwitwe
Li Lien-ying	Obereunuch und Vertrauter Cixis

Die Damen

Louisa Yu Ken	Ehefrau von Lord Yu Ken
Rongling Yu Ken	jüngste Tochter von Lord Yu Ken
Princess Yu Ken	Tochter von Lord Yu Ken und Hofdame Cixis
Sarah Conger	Ehefrau von Edwin Conger
Maude von Ketteler	Ehefrau von Baron A. von Ketteler
Lady MacDonald	Ehefrau von Claude MacDonald
Lady Susan Townley	Ehefrau von Sir Walter Townley
Paula von Rosthorn	Ehefrau von Arthur von Rosthorn
Elisabeth v. Heyking	Ehefrau von Baron E. v. Heyking
Katherine Carl	Amerikanische Malerin

Zeitlinie

1644- 1908	Qing-Dynastie
1835 – (29. November)	Cixi wird geboren
1839 – 1842	1. Opiumkrieg / Vertrag von Nanjing
1851 – (8. Juni)	Cixi kommt als Konkubine in die Verbotene Stadt
1851 – 1864	Taiping -Aufstand
1856 – (27. April)	Sohn Zaichun wird geboren
1856 – 1860	2. Opiumkrieg / Vertrag von Tientsin
1860	Zerstörung des Sommerpalastes durch die Alliierten / Flucht nach Jehol
1861 – (22. August)	Kaiser Xianfeng stirbt Zaichun (5 J. alt) wird Kaiser Tongzhi
1869	An Te-hai wird enthauptet
1861-1873	Cixi führt mit der offiziellen Witwe die Regierungsgeschäfte
1872	Heirat von Tongzhi und Alute
1873	Tongzhi wird reg. Kaiser
1875 – (12. Januar)	Kaiser Tongzhi stirbt Cixis Neffe wird Kaiser Guangxu
1888	Fertigstellung des neuen

	Sommerpalastes
1889	Heirat von Guangxu u. Lungyu
1894-1895	Japanisch-Chinesischer Krieg /
	Vertrag von Shimonoseki
1898	Die Hunderttage-Reform
1898 – (22. September)	Guangxu wird interniert /
	Cixi übernimmt die Regentschaft
1900 – (16. Juni -	Boxeraufstand
15. August)	Flucht aus Peking
1902 – (7. Januar)	Rückkehr zur Verbotenen Stadt
1903-1904	Öffnung gegenüber Ausländern /
	Reformen
1908 – (14. November)	Guangxu stirbt
1908 – (14. November)	Der neue Kaiser heißt Pu Yi
1908 – (15. November)	Kaiserinwitwe Cixi stirbt
1909 – (9. November)	Trauerzug zum Mausoleum
1911 – (29. Dezember)	Dr. Sun Yat-sen wird Präsident
	der Republik China
1912 – (12. Februar)	Offizielles Ende der Qing-
	Dynastie
1928	Sprengung und Plünderung der
	Kaisergräber

Autorenportrait

Heide-Renate Döringer ist promovierte Linguisten und Poesie-Pädagogin. Sie unterrichtete viele Jahre Deutsch und Englisch an der Frankfurt International School in Oberursel/Taunus. Die Begegnung mit Menschen verschiedener Nationalitäten hat sie stets fasziniert und dazu inspiriert die Welt zu erkunden. Ein längerer Aufenthalt in Hongkong und ein Gastsemester als Dozentin an der Fremdsprachen-Universität in Xi'an/China im Jahre 2008 bot ihr Gelegenheit, die Menschen und die Geschichte des faszinierenden Landes näher kennenzulernen. Seitdem befasst sie sich intensiv mit verschiedenen Aspekten dieser Jahrtausende alten Kultur; sie reist oft nach Hongkong und China und sammelt bei den Besuchen Mythen, Märchen und Legenden.

Veröffentlichungen zu diesem Thema:

„Der Himmel liebt Menschen, die gerne essen" Eine kulinarische Reise durch China mit Gerichten und ihren Geschichten, Horlemann Verlag, 2008

„Himmlische Mächte und Irdische Feste" Durch das Mondjahr mit Mythen, Märchen und Legenden, Horlemann Verlag, 2011

„Seide" Gesponnene Geschichten entlang der Seidenstraße, BoD Norderstedt, 2013

„Chinesische Drachen" Mythen-Märchen-Legenden aus dem Reich der Mitte, BoD Norderstedt, 2015

„Der Erste Kaiser von China" Mythen-Märchen-Legenden um den sagenumwogenen Qin Shihuangdi, BoD Norderstedt, 2016

Heide-Renate Döringer

Der Himmel liebt Menschen, die gerne essen

Eine kulinarische Reise durch China mit Gerichten und ihren Geschichten

180 Seiten, Broschur, zahlr. s/w-Fotos u. Karten, 12,90 €
ISBN 978-3-89502-281-4

Wie kommt es, dass ein aufwendig zubereitetes, köstliches Mahl „Bettlerhuhn" heißt? Was kann sich hinter „Buddha springt über die Mauer" verstecken? Die große Bedeutung des Essens für die Chinesen und der poetische Name vieler Speisen wecken Neugier. Und so beschloss die Autorin, sich mit diesem Thema näher zu befassen. Sie machte sich auf die Suche nach Volksmärchen, Legenden und Anekdoten, Redewendungen und Sprichwörtern, die von den Grundnahrungsmitteln der Chinesen und vom Ursprung oder geschichtlichen Hintergrund bestimmter Gerichte erzählen.

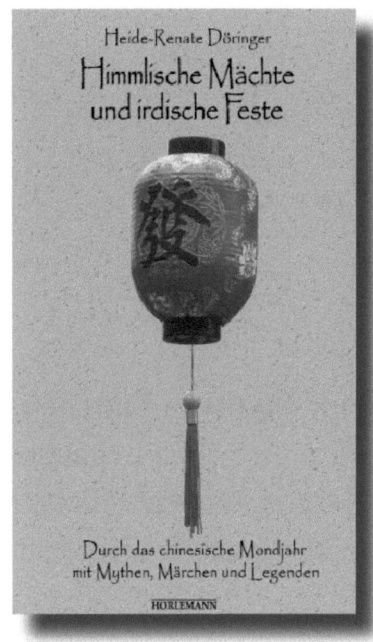

Heide-Renate Döringer

Himmlische Mächte und irdische Feste

Durch das Mondjahr mit Mythen, Märchen und Legenden

208 Seiten, Broschur, zahlr. s/w-Fotos u. Karten, 14,90 €

ISBN 978-3-89502-314-9

Das kulturelle Leben aller Chinesen ist geprägt durch traditionelle Feste, die sich nach dem Mondkalender richten. In jedem Mondmonat werden von Han-Chinesen und ethnischen Minderheiten unterschiedliche Feste gefeiert. Diese wurzeln meist in der Landwirtschaft, da China Jahrtausende lang ein Agrarland war. Eine reichhaltige Ernte und das Ausbleiben bzw. das Überwinden von Naturkatastrophen waren lebensnotwendig. Das Buch erzählt mit Mythen, Sagen und Volkserzählungen vom chinesischen Mondkalender und den Tieren des Zodiaks. Es berichtet vom Glauben an einen himmlischen Pantheon, in dem eine Vielzahl von Göttern herrscht, von Ungeheuern und Plagen, welche die Menschheit heimsuchen, und von Ritualen, mit deren Hilfe die Geister besänftigt und die Gunst der Götter beschworen werden. Die von Generation zu Generation weitergegebenen Geschichten schenken dem Leser interessante Einblicke in eine mythische, farbenfrohe Welt jenseits des schnellen Fortschritts und der Staatsmacht.

Heide-Renate Döringer

Seide

Mythen - Märchen - Legenden
Gesponnene Geschichten
entlang der Seidenstraße

224 Seiten, Broschur, zahlr. s/w-Fotos u. Karten, 14,90 €

ISBN 978-3-73225-402-6

Auch als e-Book erhältlich.

Seide – kostbar, geschmeidig, glänzend, edel, elegant, exotisch, erotisch, verführerisch, faszinierend – ein wundersamer Faden, der seit Jahrtausenden Freude schenkt und Begehrlichkeiten weckt.

Archäologische Funde deuten darauf hin, dass die Seidenkultur im 5. und 4. Jahrtausend vor Christus in China ihren Anfang fand. Von dort reiste die Seide dann seit der Zeit der Han-Dynastie (206 v. Chr.-220 n. Chr.) unaufhaltsam entlang der sogenannten Seidenstraße durch Asien bis nach Europa.

Es gelang den Chinesen viele Jahrhunderte lang, das Geheimnis der Seiden-produktion zu hüten, und so ist es nicht verwunderlich, dass Mythen, Märchen und Legenden entstanden und verbreitet wurden. Auch war das Reisen in früheren Zeiten abenteuerlich und gefährlich, und die zuhause Gebliebenen konnten kaum glauben, was ihnen von fremden Ländern und Menschen berichtet wurde.

Im Buch erzählen Mythen, Märchen und Legenden von der Entdeckung der Seide und ihrem Weg nach Europa, sei es entlang der kontinentalen oder auf der maritimen Seidenstraße. Es ist eine Reise durch Zeit und Raum, die schließlich mit Geschichten zur Fallschirmseide im 2. Weltkrieg endet. Die Autorin hat, ebenso wie in ihren beiden vorherigen China-Büchern, diese Geschichten auf Reisen, in Museen und Bibliotheken gesammelt und aufgeschrieben. Viele Fädchen und Fäden liefen zusammen, aus denen schließlich ein faszinierendes Gewebe entstand.

Heide-Renate Döringer

Chinesische Drachen

Mythen - Märchen - Legenden aus dem Reich der Mitte

148 Seiten, Broschur, zahlr. s/w-Zeichnungen u. Karten, 11,99 €

ISBN 978-3-73578-074-4

Auch als e-Book erhältlich.

Im Gegensatz zu dem furchteinflößenden Drachen im Westen ist der chinesische Drache ein mythisches Wesen, das glücksverheißend und wohltuend wirkt, denn er wird als Regenbringer und Herr der Gewässer angesehen. In einem Agrarland, das von Dürren, Unwettern und Überschwemmungen heimgesucht wurde, nahm er seit Urzeiten im Glauben der Bevölkerung eine bedeutende Stellung ein. Ihm zu Ehren wurden Feste gefeiert und Opfer dargebracht. Drachendarstellungen fanden sich in Palästen und Tempeln, auf Dächern und an Wänden, in Schriften, auf Gemälden, auf Fahnen, auf Porzellan und auf vielfältigen Dingen des täglichen Lebens. Mythen und Legenden ranken sich um dieses mächtige Wesen. Vom Gelben Kaiser erzählt man den Kindern, dass er sich bei seinem Tod in einen Drachen verwandelte und gen Himmel flog. Seit der Zeit ist ein fünfklauiger gelber Drache das Symbol kaiserlicher Macht. Die Geschichten in diesem Buch machen verständlich, warum der mythische Drache auch heute noch allgegenwärtig ist und jedem Besucher Chinas in vielerlei Gestalt begegnet. Voller Stolz bezeichnet sich das Land der Mitte auch als das Land der Drachen und die Chinesen sind Kinder des Drachen. Im chinesischen Tierkreis ist der Drache das wichtigste Zeichen und jeder, der in einem Drachenjahr geboren ist, schätzt sich glücklich. Auch wird ein Drache von Unternehmen gerne als Firmenlogo eingesetzt, denn ganz gleich wie modern das Produkt ist, ein bisschen himmlische Hilfe kann nicht schaden.

Heide-Renate Döringer

Der Erste Kaiser von China

Mythen-Märchen-Legenden
um den sagenumwogenen Qin Shihuangdi

140 Seiten, Broschur, zahlr. s/w-Zeichnungen u. Karten, 11,99 €

ISBN 978-3-74125-139-9

Auch als e-Book erhältlich.

Die Beurteilungen des Ersten Kaisers waren zu allen Zeiten zwiespältig. Zum einen sieht man in ihm den bewundernswerten Staatsmann, der den Bau der Großen Mauer veranlasste und der das Reich einte. Er ernannte sich zum alleinigen Gottkaiser, schaffte die zersplitterte Feudalherrschaft ab, leitete weitreichende Reformen ein, und vereinheitlichte die Schrift, die Maße und das Geld. Andererseits gilt er als strenger Legalist und Despot, dem man grausame Kriegsführung, unzählige Massaker, die Bücherverbrennung und den gewaltsamen Tod von mehr als 400 Gelehrten anlastet. Er gilt als äußerst schwierige Persönlichkeit, jähzornig, überheblich, von Verfolgungswahn geprägt und Zeit seines Lebens auf der Suche nach Unsterblichkeit. Zu Zeiten von Mao Zedong erscheint Qin Shihuangdi plötzlich in einem positiven Licht. Mao sieht in dem Ersten Kaiser sein Vorbild und bringt dessen Namen immer wieder in die Öffentlichkeit. Die Entdeckung der Terrakotta-Armee im Jahre 1974 und ständig neue Funde von Archäologen und Wissenschaftlern bringen schließlich eine weitere Facette dieses erstaunlichen Mannes zutage. All das ist Stoff für unzählige interessante Mythen, Märchen und Legenden.